केंद्रीय शिक्षक पात्रता परीक्षा

CTET

पेपर-1 (कक्षा I-V तक)

हिंदी (भाषा-1)

विषय सूची

(क) हिंदी (विषय वस्तु)

(ख) भाषा विकास का अध्यापन :

(क) हिंदी विषय वस्तु

अपठित अनुछेद

अपठित शब्द का अर्थ है, जिसे पढ़ा नहीं गया है। अपठित गद्यांश का अर्थ होता है, ऐसा गद्यांश जिसे पहले नहीं पढ़ा गया है।अपठित गद्यांश ऐसे गद्यांश होते हैं जिन्हें विद्यार्थियों ने पाठ्य पुस्तक में नहीं पढ़ा है।

अपठित गद्यांश के नियम
1. अपठित गद्यांश ध्यान से पढ़ें और उसके मूल भाव और अर्थ को समझें।
2. गद्यांश के नीचे दिए गए प्रश्नों के उत्तर गद्यांश में ढूँढ़े।
3. गद्यांश में दिए शब्दों का प्रयोग उत्तरों में दिया जा सकता है।
4. पूछा जाए तो शीर्षक लिखें।

गद्यांश 1
मनु बहन ने पूरे दिन की डायरी लिखी, लेकिन एक जगह लिख दिया, 'सफाई वगैरह की।' गाँधीजी प्रतिदिन डायरी पढ़कर उस पर अपने हस्ताक्षर करते थे। आज की डायरी पर हस्ताक्षर करते हुए गाँधीजी ने लिखा, "कातने की गति का हिसाब लिखा जाए। मन में आए हुए विचार लिखे जाएँ। जो-जो पढ़ा हो, उसकी टिप्पणी लिखी जाए। 'वगैरह' का उपयोग नहीं होना चाहिए। डायरी में 'वगैरह' शब्द के लिए कोई स्थान नहीं है।" जिसने जो पढ़ा हो, वह लिखा जाए। ऐसा करने से पढ़ा हुआ कितना पच गया है, यह मालूम हो जाएगा। जो बातें हुई हों, वे लिखी जाएँ। मनु ने अपनी गलती का अहसास किया और डायरी विधा की पवित्रता को समझा। गाँधीजी ने पुन: मनु से कहा— "डायरी लिखना आसान कार्य नहीं है। यह इबादत करने जैसी विधा है। हमें शुद्ध व सच्चे रूप से प्रत्येक छोटी-बड़ी घटना को निष्पक्ष रूप से लिखना चाहिए, चाहे कोई बात हमारे विरुद्ध ही क्यों न जा रही हो। इससे हमें सच्चाई स्वीकार करने की शक्ति प्राप्त होगी।" गाँधीजी के रोचक संस्मरण [CTET June 2011]

1. मनु को अपनी किस गलती का अहसास हुआ?
(1) उन्होंने डायरी में 'वगैरह' शब्द का प्रयोग किया था
(2) उन्होंने गाँधीजी की बात नहीं मानी थी

(3) मनु ने डायरी में कातने की गति का हिसाब लिखा था
(4) उन्होंने डायरी में सही-सही बातें लिखी थीं

2. गाँधीजी ने 'वगैरह' शब्द पर अपनी आपत्ति क्यों जताई?
(1) वे चाहते थे कि बातों को ज्यों-का-त्यों लिखा जाए
(2) वगैरह' शब्द की जगह 'आदि' शब्द का प्रयोग सही है
(3) गाँधीजी चाहते थे कि सही भाषा का प्रयोग हो
(4) 'वगैरह' शब्द में कार्य और विचार की स्पष्टता नहीं है

3. गाँधीजी ने डायरी लिखने को इबादत करने-जैसा क्यों कहा है?
(1) दोनों में सच्चाई और ईमानदारी चाहिए
(2) दोनों में समय लगता है
(3) दोनों कार्य हमारे कर्तव्यों में शामिल हैं
(4) दोनों कार्य रोज किए जाते हैं

4. डायरी लिखना इसलिए महत्त्वपूर्ण है, क्योंकि
(1) इससे व्यक्ति का समय अच्छा गुजर जाता है
(2) इसमें व्यक्ति स्वयं का विश्लेषण करता है और स्व-मूल्यांकन भी करता है।
(3) इससे व्यक्ति पूरे दिन किए गए जमा-खर्च का हिसाब-किताब कर सकता है
(4) गाँधीजी इसे महत्त्वपूर्ण मानते हैं

5. गाँधीजी प्रतिदिन डायरी पढ़कर क्या करते थे?
(1) हस्ताक्षर करते थे, ताकि जाँच का प्रमाण दिया जा सके
(2) हस्ताक्षर करते थे, क्योंकि यह नियम था
(3) लोगों को उनकी गलती का अहसास कराते थे
(4) डायरी पर हस्ताक्षर करते थे और यह देखते थे कि व्यक्ति अपने कार्य और विचार में किस दिशा में जा रहा है

6. 'प्रतिदिन' शब्द में कौन-सा समास है?
(1) तत्पुरुष समास
(2) द्वन्द्व समास

(3) अव्ययीभाव समास
(4) द्विगु समास

7. 'पढ़ा हुआ कितना पच गया है' का अर्थ है
(1) पढ़ा हुआ कितना आत्मसात् किया है
(2) कितना सही उच्चारण के साथ पढ़ा है
(3) पदे हुए का कितना विश्लेषण किया है
(4) पदा हुआ कितना समझ में आया है

8. 'कार्य' शब्द का तद्भव रूप बताइए
(1) काम
(2) सेवा
(3) कारज
(4) काज

9. 'विचार' में इक प्रत्यय लगाकर शब्द बनेगा
(1) वैचारिक
(2) वैचारीक
(3) विचारिक
(4) विचौरिक

गद्यांश 2

समस्याओं का हल ढूँढने की क्षमता पर एक अध्ययन किया गया। इसमें भारत में तीन तरह के बच्चों के बीच तुलना की गई, एक तरफ वे बच्चे जो दुकानदारी करते हैं स्कूल नहीं जाते, दूसरा समूह, ऐसे बच्चे जो दुकान सँभालते हैं और स्कूल भी जाते हैं और तीसरा समूह उन बच्चों का था,जो स्कूल जाते हैं, पर दुकान पर कोई सहायता नहीं करते। उनसे गणना के व इबारती सवाल पूछे गए। दोनों ही तरह के सवालों में उन स्कूली बच्चों ने जो दुकानदार नहीं हैं, मौखिक गणना या मनगणित का प्रयोग बहुत कम किया, बनिस्बत उनके जो दुकानदार थे। स्कूली बच्चों ने ऐसी गलतियाँ भी की, जिनका कारण नहीं समझा जा सका। इससे यह साबित होता कि दुकानदारी से जुड़े हुए बच्चे हिसाब लगाने में गलती नहीं कर सकते, क्योंकि इसका सीधा असर उनके काम पर पड़ता है, जबकि स्कूलों के

बच्चे वही हिसाब लगाने में अक्सर भयंकर गलतियाँ कर देते हैं। इससे यह स्पष्ट होता है कि जिन बच्चों को रोजमर्रा की जिन्दगी में इस तरह के सवालों से जूझना पड़ता है, वे अपने लिए जरूरी गणितीय क्षमता हासिल कर लेते हैं, लेकिन साथ ही इस बात पर भी गौर करना महत्त्वपूर्ण है कि इस तरह की दक्षताएँ एक स्तर तक और एक कार्य-क्षेत्र तक सीमित होकर रह जाती है। इसलिए वे सामाजिक व सांस्कृतिक परिवेश जो कि ज्ञान को बनाने व बढ़ाने में सहायता करते हैं, वही उस ज्ञान को संकुचित और सीमित भी कर सकते हैं। [CTET Jan 2012]

1. समस्याओं का हल खोजने पर आधारित अध्ययन किस विषय से जुड़ा हुआ था?
(1) दुकानदारी
(2) सामाजिक विज्ञान
(3) गणित
(4) भाषा

2. किन बच्चों ने सवाल हल करने में मौखिक गणना का ज्यादा प्रयोग किया?
(1) जो दुकानदारी करते हैं
(2) जो केवल स्कूल जाते हैं
(3) जो बच्चे न तो दुकानदारी करते हैं और न ही स्कूल जाते हैं
(4) जो स्कूली बच्चे दुकानदारी नहीं करते

3. अनुच्छेद के आधार पर कहा जा सकता है कि
(1) बच्चों को गणित सीखने के लिए दुकानदारी करनी चाहिए।
(2) बच्चे रोजमर्रा के जीवन में काम आने वाली दक्षताओं को स्वतः ही हासिल कर लेते हैं।
(3) केवल दुकानदार बच्चे ही गणित सीख सकते हैं।
(4) बच्चों को गणित सीखना चाहिए।

4. दुकानदार बच्चे हिसाब लगाने में प्राय: गलती नहीं करते, क्योकि
(1) वे जन्म से ही बहुत ही दक्ष हैं।
(2) वे कभी भी गलती नहीं करते।
(3) गलती का असर उनके काम पर पड़ता है।
(4) इससे उन्हें माता-पिता से डाँट पड़ेगी।

5. जो दक्षताएँ हमारे दैनिक जीवन में काम नहीं आतीं, उनमें हमारा प्रदर्शन अक्सर

(1) अच्छा होता है।

(2) खराब अच्छा होता रहता है।

(3) सन्तोषजनक होता है।

(4) खराब होता है।

6. अनुच्छेद के आधार पर बताइए कि सामाजिक व सांस्कृतिक परिवेश ज्ञान को

(1) संकुचित कर सकता है।

(2) सीमित कर सकता है।

(3) बनाने में सहायता भी करता है और उसे संकुचित, सीमित भी कर सकता है।

(4) बनाने में सहायता करता है।

7. 'इक' प्रत्यय का उदाहरण है

(1) संकुचित

(2) सांस्कृतिक

(3) चूंकि

(4) सीमित

8. 'मनगणित' का अर्थ है

(1) मन-ही-मन हिसाब लगाना

(2) कठिन गणित

(3) मनगढन्त गणित

(4) मनपसन्द गणित

9. संयुक्त क्रिया का उदाहरण है

(1) अध्ययन किया गया

(2) दुकान संभालते हैं

(3) हिसाब लगाते हैं

(4) स्कूल जाते हैं

गद्यांश 3

मुझे मालूम नहीं था कि भारत में 'तिलोनिया' नाम की कोई जगह है जहाँ हमारे देश के समसामयिक इतिहास का एक विस्मयकारी पन्ना लिखा जा रहा है, उस वक्त तक तिलोनिया के बारे में मुझे इतनी ही जानकारी थी कि वहाँ पर एक स्वावलम्बी विकास केन्द्र चल रहा है, जिसे स्थानीय ग्रामवासी, स्त्री-पुरुष मिल-जुलकर चला रहे हैं। मुझे वहाँ जाने का अवसर मिला। बस्ती क्या थी, कुछ पुराने और कुछ नए छोटे-छोटे घरों का झुरमुट थी। वहाँ एक सज्जन ने बताया कि एक सुशिक्षित तथा उसके दो साथियो टाइपिस्ट तथा फोटोग्राफर ने मिलकर वर्ष 1972 में इस संस्थान की स्थापना की। संस्थान का नाम था-सामाजिक कार्य तथा शोध-संस्थान (एस डब्ल्यू आर सी)। मेरे मन में संशय उठने लगे थे। आज के जमाने में वैज्ञानिक उपकरणों की जानकारी के बल पर ही तरक्की की जा सकती है। उससे हटकर और अवहेलना करते हुए भी नहीं की जा सकती है। एक पिछड़े हुए गाँव के लोग अपनी समस्याएँ स्वयं सुलझा लेंगे, यह असम्भव था। वह सज्जन कहे जा रहे थे "हमारे गाँव आज नहीं" बसे हैं। इन गाँवों में शताब्दियों से हमारे पूर्वज रहते आ रहे हैं। पहले जमाने में भी हमारे लोग सूझ और पहलकदमी के बल पर ही अपनी दिक्कतें सुलझाते रहे होंगे। जरूरत इस बात की है कि हम शताब्दियों की इस परम्परागत जानकारी को नष्ट न होने दें। उसका उपयोग करें।" फिर मुझे समझाते हुए बोले "हम बाहर की जानकारी से भी पूरा-पूरा लाभ उठाते हैं, पर मूलतः स्वावलम्बी बनना चाहते हैं, स्वावलम्बी आत्मनिर्भर।" मुझे बार-बार गाँधीजी के कथन याद आ रहे थे। मैंने गाँधीजी का जिक्र किया तो वह बड़े उत्साह से बोले "आपने ठीक ही कहा। यह संस्थान गाँधीजी की मान्यताओं के अनुरूप ही चलता है सादापन, कर्मठता, अनुशासन, सहभागिता। यहाँ सभी निर्णय मिल-बैठकर किए जाते हैं। आत्म-निर्भरता .... ।" आत्मनिर्भरता से मतलब कि ग्रामवासियों की छिपी क्षमताओं को काम में लाया जाए और गाँधीजी के अनुसार, ग्रामवासी अपनी अधिकांश बुनियादी जरूरत की वस्तुओं का उत्पादन स्वयं करें ....। (एक तीर्थ यात्रा, स्रोत : भीष्म साहनी) [CTET Nov 2012]

1. सामाजिक कार्य तथा शोध-संस्थान की स्थापना का उद्देश्य था
(1) उन्हें स्वावलम्बी, आत्मनिर्भर बनाना
(2) उन्हें प्राचीन परम्पराओं से परिचित कराना
(3) ग्रामवासियों को देश-विदेश की जानकारी प्रदान करना
(4) उन्हें केवल अनुशासित करना

2. लेखक का मानना था
(1) ग्रामवासियों को अपनी समस्याएँ स्वयं सुलझाने की आदत है।

(2) आधुनिक समय में वैज्ञानिक उपकरण और जानकारी से हटकर या उसकी अवहेलना करके तरक्की नहीं की जा सकती है।
(3) आधुनिक समय में वैज्ञानिक उपकरणों और जानकारी के बल पर ही तरक्की नहीं की जा सकती है।
(4) ग्रामवासी अपनी समस्याएँ स्वयं सुलझा सकते हैं।

3. संस्थान के निर्णय और संचालन में आधारभूत भूमिका इनमें से किसकी है?
(1) उस गाँव में रहने वाले सभी लोगों की
(2) गाँव-प्रधान की
(3) संस्थापक की
(4) केवल गरीब और दलित महिलाओं की

4. 'आत्म' उपसर्ग किस शब्द में नहीं है?
(1) आत्मीय
(2) परमात्मा
(3) आत्म-निर्भर
(4) आत्म-सम्मान

5. लेखक के अनुसार 'तिलोनिया गाँव में हमारे देश के आजकल के इतिहास का विस्मयकारी पन्ना लिखा जा रहा है, इसका कारण है
(1) वहाँ के लोग अनुदान पर आश्रित हैं।
(2) केन्द्र में इतिहास पर विस्मयकारी शोध किया जा रहा है।
(3) 'तिलोनिया' गाँव पिछड़े गाँव के रूप में जाना जाता है।
(4) वहाँ एक स्वावलम्बी विकास केन्द्र चल रहा है।

6. 'शताब्दी'............ समास का उदाहरण है।
(1) तत्पुरुष
(2) बहुव्रीहि
(3) अव्ययीभाव
(4) द्विगु

7. गाँधीजी .... को मान्यता नहीं देते हैं।

(1) अकर्मण्यता

(2) सादापन

(3) आत्मनिर्भरता

(4) कर्मठता

8. निम्नलिखित में से संज्ञा का उदाहरण नहीं है

(1) अनुशासन

(2) अनुशासित

(3) आत्मनिर्भरता

(4) स्वावलम्बन

9. 'उपयोगी' शब्द का विलोम है

(1) अनपयोगी

(2) उपयोगिता

(3) अउपयोगी

(4) अनुपयोगी

गद्यांश 4

समाज में पाठशालाओं, स्कूलों अथवा शिक्षा की दूसरी दुकानों की कोई कमी नहीं है। छोटे-से-छोटे बच्चे को माँ-बाप स्कूल भेजने की जल्दी करते हैं। दो-ढाई साल के बच्चे को भी स्कूल में बिठाकर आ जाने का आग्रह भी हर घर में बना हुआ है। इसके विपरीत हर घर की दूसरी सच्चाई यह भी है कि कोई भी माँ-बाप बालकों के बारे में, बालकों की सही शिक्षा के बारे में और साथ ही सच्चा एवं अच्छा माता-पिता अथवा अभिभावक होने का शिक्षण कहीं से भी प्राप्त नहीं करता। माता-पिता बनने से पहले किसी भी नौजवान जोड़े को यह नहीं सिखाया जाता है कि माँ-बाप बनने का अर्थ क्या है? इससे पहले किसी भी जोड़े को यह भी नहीं सिखाया जाता कि अच्छे और सच्चे दाम्पत्य की शुरुआत कैसे की जानी चाहिए? पति-पत्नी होने का अर्थ क्या है? यह भी कोई नहीं बताता। परिणाम साफ है कि जीवन शुरू होने से पहले ही घर टूटने-बिखरने लगते हैं। घर बसाने की शाला न आज तक कहीं खुली है और नखुलती दिखती है। समाज और सत्ता दोनों या तो इस संकट के प्रति सजग नहीं हैं या फिर इसे अनदेखा कर रहे हैं। [CTET July 2013]

1. 'भी' शब्द है
(1) क्रिया
(2) क्रियाविशेषण
(3) सम्बन्धवाचक
(4) निपात

2. 'इसके विपरीत हर घर की दूसरी सच्चाई यह भी है कि.' वाक्य के रेखांकित अंश का समानार्थी शब्द
(1) सूक्ति
(2) वास्तविक
(3) वास्तविकता
(4) सद्वचन

3. घर के टूटने-बिखरने का मुख्य कारण क्या है?
(1) बच्चों के बारे में न जानना
(2) माता-पिता बनने का अर्थ न जानना
(3) दाम्पत्य का अर्थ न जानना
(4) घर बसाने की जल्दी करना

4. हर घर में किस चीज का आग्रह बना हुआ है?
(1) बच्चों को स्कूल न भेजने का
(2) बहुत छोटे बच्चे को स्कूल में पढ़ाने का
(3) बहुत छोटे बच्चे को दुकान भेजने का
(4) बहुत छोटे बच्चे को स्कूल में बिठाकर आने का

5. लेखक के लिए किसका शिक्षण प्राप्त करना जरूरी है?
(1) पति-पत्नी बनने का
(2) बच्चों को किसी भी प्रकार की शिक्षा देने का
(3) अच्छे माता-पिता बनने का
(4) छोटे-छोटे बच्चों का उच्च विद्यालयों में प्रवेश दिलाने का

6. माता-पिता को बच्चों की सही शिक्षा के बारे में जानना क्यों जरूरी है?
(1) बच्चों को ज्ञानवान बनाया जा सके
(2) ताकि बच्चों को उच्च डिग्रियाँ प्राप्त करवाई जा सके
(3) ताकि बच्चे स्वयं प्रवेश लेने योग्य बन सके
(4) जिससे बेहतर समाज का निर्माण किया जा सके

7. समाज और सत्ता किसके प्रति सजग नहीं है?
(1) अभिभावकों के द्वारा शिक्षा प्राप्त न करने के प्रति
(2) ज्ञानवान समाज न बन पाने के घोर संकट के प्रति
(3) घर बसाने की शिक्षा देने वाली शाला खोलने के प्रति
(4) माता-पिता द्वारा बच्चों का पालन-पोषण न करने के प्रति

8. लेखक के अनुसार सबसे पहले क्या जानना जरूरी है?
(1) दाम्पत्य की शुरुआत कैसे की जानी चाहिए?
(2) बच्चों के बारे में
(3) बच्चों की शिक्षा के बारे में
(4) माता-पिता के शिक्षा-स्तर को

9. 'माता-पिता' शब्द-युग्म
(1) सार्थक-निरर्थक
(2) सार्थक
(3) निरर्थक
(4) पुनरुक्त

गद्यांश 5

शिक्षा की बैंकीय अवधारणा (बैंकिंग कॉन्सेप्ट) में ज्ञान एक उपहार होता है, जो स्वयं को ज्ञानवान समझने वालों के द्वारा उनको दिया जाता है, जिन्हें वे नितान्त अज्ञानी मानते हैं। दूसरों को परम अज्ञानी बताना उत्पीड़न की विचारधारा की विशेषता है। वह शिक्षा और ज्ञान को जिज्ञासा की प्रक्रिया नहीं मानती। शिक्षक अपने छात्रों के समक्ष स्वयं को एक आवश्यक विलोम के रूप में प्रस्तुत करता है, उन्हें परम अज्ञानी मानकर वह अपने अस्तित्व का औचित्य सिद्ध करता है। छात्र, हेगेलीय द्वन्द्ववाद में वर्णित दासों की भाँति, अलगाव के शिकार होने के कारण अपने अज्ञान को शिक्षक के अस्तित्व को औचित्य सिद्ध करने वाला समझते हैं लेकिन इस फर्क के साथ कि दास तो अपनी वास्तविकता

को जान लेता है (कि मालिक का अस्तित्व उसके अस्तित्व पर निर्भर है), लेकिन ये छात्र अपनी इस वास्तविकता को कभी नहीं जान पाते कि वे भी शिक्षक को शिक्षित करते हैं। [CTET Feb 2014]

1. शिक्षा की बैकीय अवधारणा शिक्षा को किस रूप में प्रस्तुत करती है?
(1) शिक्षा की प्रक्रिया में केवल परम अज्ञानी शामिल होते हैं।
(2) शिक्षा ज्ञान के लेन-देन की प्रक्रिया है।
(3) शिक्षा में केवल छात्र शिक्षकों को शिक्षित करते हैं।
(4) शिक्षा में उपहारों का लेन-देन होता है।

2. गद्यांश के अनुसार छात्र अपनी किस वास्तविकता को नहीं जान पाते?
(1) शिक्षक ज्ञानवान है
(2) शिक्षा में ज्ञान ही सर्वोपरि है
(3) शिक्षक पूर्णतः शिक्षित नहीं है
(4) वे अज्ञानी हैं

3. इस गद्यांश के अनुसार शिक्षा की प्रक्रिया सम्पन्न होने के लिए अनिवार्य शर्त है
(1) शिक्षक की उपस्थिति
(2) शिक्षक का परम ज्ञानवान होना
(3) छात्र का परम अज्ञानी होना
(4) छात्रों का सीखने के लिए उत्सुक होना

4. गद्यांश के अनुसार उत्पीड़न की विचारधारा की विशेषता क्या है?
(1) शिक्षा ज्ञान का उपहार है
(2) शिक्षक श्रेष्ठ' है और छात्र 'हीन' है
(3) आदर्श शिक्षक सदैव उत्पीड़क होता है
(4) परम अज्ञानियों का शोषण अनिवार्य है

5. गद्यांश में .... पर करारा व्यंग्य किया गया है।
(1) ज्ञानवान व्यक्तियों
(2) उत्पीड़ितों की दशा

(3) शिक्षितों की दशा
(4) शिक्षक और छात्र के मध्य सम्बन्ध

6. 'जिज्ञासा' शब्द से बनने वाला विशेषण है
(1) जिज्ञासी
(2) जिज्ञासावाला
(3) जिज्ञासु
(4) जिज्ञासाशील

7. किस शब्द में दो प्रत्ययों का प्रयोग हुआ है?
(1) वास्तविकता
(2) ज्ञानवान
(3) विशेषता
(4) विचारधारा

8. प्रस्तुत गद्यांश में 'नितांत' शब्द का अर्थ है
(1) केवल
(2) एकांत
(3) बहुत
(4) बिल्कुल

9. "उन्हें परम अज्ञानी मानकर वह अपने अस्तित्व का औचित्य सिद्ध करता है।" रेखांकित शब्द की जगह किस शब्द का प्रयोग किया जा सकता है?
(1) प्रमाणित
(2) प्रतिफलित
(3) अंतर्निहित
(4) प्रतिस्थापना

गद्यांश 6

गुलजार जी क्या लिखते समय पाठक आपके चिंतन में होते है। देखिए जब मैं लिखता हूँ मेरे जेहन में मैं होता हूँ। मैं तय करता हूँ मुझे क्या करना है? पाठक को सामने रखकर लिखने का कोई

मतलब नहीं होता है। दूसरी महत्त्वपूर्ण बात मैं महसूस करता हूँ वह है कम्युनिकेशन .... अपनी बात को पाठक तक पहुँचाना .... आर्ट ऑफ कम्युनिकेशन ....हाँ मैं अपने लेखन को इस कसौटी पर रखता हूँ। मीडिया से जुड़े होने के कारण कहने के तरीके को लेकर मैं सोचता अवश्य हूँ। विषय मेरे होते हैं, मेरी बात सही है या नहीं आप अपनी ग्रोथ के साथ एक अहाता बनाते चलते हैं। हर फाइन आर्ट लोगों तक पहुँचनी ही चाहिए। संगीत हो, कला हो या लेखन हो वो अपने लक्ष्य तक पहुँचनी चाहिए, कहने का ऐसा तरीका तो होना चाहिए।। [CTET Sept 2014]

1. जब गुलजार लिखते हैं, तो विषय किसके होते हैं?

(1) पाठकों के

(2) फिल्म बनाने वालों के

(3) स्वयं उनके

(4) मीडिया के

2. गुलजार के अनुसार लिखने वाले के जेहन में स्वयं लेखक होता है। इसका आशय यह है कि

(1) लेखक स्वयं को सर्वोपरि मानता है

(2) लेखक पाठक की उपेक्षा करता है

(3) लेखक को अपनी ग्रोथ चाहिए

(4) लेखक की संवेदनाएँ आत्मानुभूति केन्द्र में होती हैं

3. एक लेखक के लिए दूसरी महत्त्वपूर्ण बात क्या है?

(1) सम्प्रेषण

(2) मीडिया

(3) कला

(4) लेखन

4. किसी भी कला का लक्ष्य क्या है?

(1) वह सुन्दर तरीके से कही गई है

(2) लोगों तक वह बात पहुँचे

(3) मीडिया द्वारा सराहा जाए

(4) सरल भाषा का प्रयोग करना

5. गुलजार अपने लेखन को किस कसौटी पर कसते हैं?

(1) वह बात पाठक तक पहुंच रही है या नहीं

(2) वह व्यंग्य भरे अन्दाज में कही गई है या नहीं

(3) वह सब लोगों द्वारा सराही गई है या नहीं

(4) मेरी ग्रोथ हो रही है या नहीं

6. गुलजार लिखने से पहले क्या तय करते हैं?

(1) किसके लिए कहना है?

(2) क्या कहना है?

(3) कैसे कहना है?

(4) क्यों कहना है?

7. जेहन का अर्थ है

(1) दिल

(2) दिमाग

(3) ख्याल

(4) सपना

8. 'संगीत' से विशेषण शब्द बनेगा

(1) संगीता

(3) संगीतवाला

(2) संगीतज्ञ

(4) संगीतवान

9. 'कहने का ऐसा तरीका तो होना ही चाहिए।' वाक्य में निपात शब्द हैं

(1) ऐसा, तो

(2) तो, का

(3) ही, ऐसा

(4) तो, ही

गद्यांश 7

सारा संसार नीले गगन के तले अनन्त काल से रहता आया है। हम थोड़ी दूर पर ही देखते हैं क्षितिज तक, जहाँ धरती और आकाश हमें मिलते दिखाई देते हैं। लेकिन जब हम वहाँ पहुँचते हैं, तो यह नजारा आगे खिसकता चला जाता है और इस नजारे का कोई ओर-छोर हमें नहीं दिखाई देता है। ठीक इसी तरह हमारा जीवन भी है। जिन्दगी की न जाने कितनी उपमाएँ दी जा चुकी हैं लेकिन कोई भी उपमा पूर्ण नहीं मानी गई, क्योंकि जिन्दगी के इतने पक्ष हैं कि कोई भी उपमा उस पर पूरी तरह फिट नहीं बैठती। बर्नार्ड शॉ जीवन को एक खुली किताब मानते थे और यह भी मानते थे कि सभी जीवों को समान रूप से जीने का हक है। वह चाहते थे कि इन्सान अपने स्वार्थ में अन्धा होकर किसी दूसरे जीव के जीने का हक न मारे। यदि इन्सान ऐसा करता है, तो यह बहुत बड़ा अन्याय है। हमारे विचार स्वाभाविक रूप से एक-दूसरे से मेल नहीं खाते हैं लेकिन इसका मतलब यह नहीं होता कि हम दूसरों को उसके जीने के हक से वंचित कर दें। यह खुला आसमान, यह प्रकृति और यह पूरा भू-मण्डल हमें दरअसल यही बता रहा है कि हाथी से लेकर चींटी तक, सभी को समान रूप से जीवन बिताने का हक है। जिस तरह से खुले आसमान के नीचे हर प्राणी बिना किसी डर के जीने, साँस लेने का अधिकारी है, उसी तरह से मानव-मात्र का स्वभाव भी होना चाहिए कि वह अपने जीने के साथ दूसरों से उनके जीने की हक न छीने। यह आसमान हमें जिस तरह से भय से छुटकारा दिलाता है, उसी तरह से हमें भी मानव-जाति से इतर जीवों को डर से छुटकारा दिलाकर उन्हें जीने के लिए पूरा अवसर देना चाहिए। दूसरों के जीने के हक को छीनने से बड़ा अपराध या पाप कुछ नहीं हो सकता। [CTET Feb 2015]

1. 'क्षितिज' किसे कहते हैं?
   (1) जहाँ धरती और आसमान मिले हुए दिखाई देते हैं
   (2) जहाँ धरती और आकाश पास-पास होते हैं
   (3) जहाँ तक धरती दिखाई पड़ती है
   (4) जहाँ से धरती और आकाश दिखाई पड़ते हैं

2. यदि किसी का ओर-छोर नहीं है, तो
   (1) उसके बहुत से सिरे हैं।
   (2) उसका सिरा नहीं मिलता
   (3) उसकी सीमा नहीं है
   (4) उसका विस्तार अधिक है'

3. 'फिट' और 'इन्सान' शब्द हैं

(1) देशज

(2) आगत

(3) तत्सम

(4) तद्भव

4. बर्नार्ड शॉ ने जीवन की उपमा किससे दी है?

(1) पढ़ी जा रही पुस्तक से

(2) खुली पुस्तक से

(3) सभी जीवों से

(4) क्षितिज से

5. हम बहुत बड़ा अन्याय कर रहे होते हैं, यदि

(1) किसी से दुश्मनी रखते हैं

(2) किसी को लूट लेते हैं

(3) किसी को टिकने नहीं देते

(4) किसी को जीने का अधिकार नहीं देते

6. प्रकृति और खुला आसमान बता रहे हैं कि सबको

(1) निडर बने रहना चाहिए

(2) मनमर्जी करने का हक है

(3) प्रकृति से प्रेम करना चाहिए

(4) जीने का हक है

7. आसमान हमें दिलाता है

(1) रक्षा करने का वचन

(2) साथ-साथ रहने का अनुशासन

(3) भय से छुटकारे का आश्वासन

(4) भयभीत न करने का आग्रह

8. किस शब्द में 'इक' प्रत्यय का प्रयोग नहीं किया जा सकता?

(1) मय

(2) जीव
(3) स्वभाव
(4) प्रकृति

9. 'अपराध' शब्द है
(1) भाववाचक संज्ञा
(2) पदार्थवाचक संज्ञा
(3) व्यक्तिवाचक संज्ञा
(4) जातिवाचक संज्ञा

गद्यांश 8

स्थूल एवं बाह्य पदार्थ सूक्ष्म एवं मानसिक पदार्थों एवं भावों की अपेक्षा अधिक महत्त्व के विषय नहीं हैं, जो व्यक्ति रचनात्मक कार्य करने में समर्थ है, उसे भौतिक स्थूल लाभ अथवा प्रलोभन न तो लुभाते हैं और न ही प्रोत्साहित करते हैं। विश्व में विचारक दस में से एक ही व्यक्ति होता है। उसमें भौतिक महत्त्वाकांक्षाएँ अत्यल्प होती हैं। 'पूँजी' का रचयिता कार्ल मार्क्स जीवनभर निर्धनता से जूझता रहा। राज्याधिकारियों ने सुकरात को मरवा डाला, पर वह जीवन के अन्तिम क्षणों में भी शान्त था, क्योंकि वह अपने जीवन के लक्ष्य का भली-भाँति निर्वाह कर चुका था। यदि उसे पुरस्कृत किया जाता, प्रतिष्ठा के अम्बारों से लाद दिया जाता, परन्तु अपना काम न करने दिया जाता तो निश्चय ही वह अनुभव करता कि उसे कठोर रूप में दण्डित किया गया है। ऐसे अनेक अवसर आते हैं, जब हमें बाहरी सुख-सुविधाएँ आकर्षित करती हैं, वे अच्छे जीवन के लिए अनिवार्य लगने लगती है, किन्तु महत्त्वपूर्ण यह है कि क्या हमने जीवन का उद्देश्य प्राप्त कर लिया? यदि इसका उत्तर हाँ है, तो बाह्य वस्तुओं का अभाव नहीं खलेगा और यदि नहीं है, तो हमें अपने को भटकने से बचाना होगा और लक्ष्य की ओर बढ़ना होगा। [CTET Sept 2015]

1. मनुष्य को बाहरी सुख क्यों लुभाते हैं?
(1) सम्पन्नता के लिए
(2) भरे-पूरे जीवन के लिए
(3) अच्छे जीवन के लिए
(4) आराम के लिए

2. "जो व्यक्ति रचनात्मक कार्य करने में समर्थ है ।" वश्य में खांकित शब्द के स्थान पर कौन-सा शब्द प्रयुक्त नहीं किया जा सकता है?

(1) क्षमतावान

(2) सक्षम

(3) शक्तिशाली

(4) सामर्थ्यवान

3. 'प्रतिष्ठा के अम्बारों से लाद दिया जाता।' रेखांकित का तात्पर्य है

(1) ढेर से

(2) आभार से

(3) कृतज्ञता से

(4) भार से

4. 'भली-भाँति निर्वाह कर चुका था।' उपरोक्त वाक्यांश में क्रिया-विशेषण है

(1) भली-भौंति

(2) निर्वाह

(3) कर चुका

(4) मली

5. 'महत्त्वाकांक्षा' किन शब्दों से मिलकर बना है?

(1) महत्त्व + आकांक्षा

(2) महत्व + आकांक्षा

(3) महत्त्वा + कांक्षा

(4) महत् + आकांक्षा

6. भौतिक लाभ किन्हें नहीं लुभाते?

(1) सामर्थ्यवान लोगों को

(2) जीवन का लक्ष्य पूरा करने वालों को

(3) रचनात्मक कार्य करने वालों को

(4) धन-सम्पन्न लोगों को

7. 'पूँजी' का रचयिता कार्ल मार्क्स कथन से संकेत मिलता है कि 'पूँजी' का अर्थ है
(1) एक विचार
(2) एक ग्रन्थ
(3) विरासत
(4) धन-सम्पत्ति

8. विचारकों की एक विशेषता यह है कि उनमें
(1) भौतिक महत्त्वाकांक्षाएँ कम होती हैं।
(2) पद-प्रतिष्ठा प्राप्त करने की इच्छा होती है।
(3) रचनात्मक कार्य करने की क्षमता होती है।
(4) महत्त्वाकांक्षाएँ नहीं होती।

9. सुकरात को अपना काम न करने देने की स्थिति कठोर दण्ड जैसी प्रतीत होती, क्योंकि
(1) वह जीवन के कार्य समाप्त कर चुका था।
(2) वह स्थूल प्रलोभनों की अपेक्षा नहीं करता था।
(3) उसे जीवन का उद्देश्य प्राप्त करने से रोक दिया गया होता।
(4) वह अन्तिम क्षणों में भी शान्त था।

गद्यांश 9

माँ : रमेश, मीना क्यों रो रही है?
रमेश : मैंने चाँटा मारा था। मुझे पढ़ने नहीं दे रही थी।
माँ : लेकिन तुम इस समय क्यों पढ़ रहे हो? यह भी कोई पढ़ने का समय है। क्या आजकल पढ़ाई चौबीसों घण्टे की हो गई है? दिमाग है या मशीन और क्या पढ़ने के लिए बहन को पीटना जरूरी है?
रमेश : माँ, पढूँगा नहीं तो कक्षा में अव्वल कैसे आऊँगा? मुझे तो फर्स्ट आना है। तुम भी तो यही कहती थी।
माँ : हाँ, कहती थी, पर तुम! हर वक्त खेल-खेल-खेल। फर्स्ट आना था तो शुरू से पढ़ा होता अब जब परीक्षाएँ सर पर आ गईं तो रटने बैठे हो। तुम क्या समझते हो कि ऐसे रटने से अव्वल आ जाओगे? अरे! पढ़ना थोड़ी देर का ही काफी होता है, अगर नियम से मन लगाकर पढ़ा जाए।
रमेश अब रहने दो माँ! मैं आज खेलने भी नहीं जाऊँगा। कोई आए तो मना कर देना। अब मुझे पढ़ने दो-"अकबर का जन्म ....अकबर का जन्म .... अमरकोट में हुआ था .... अमरकोट में .... माँ .... अकबर का जन्म जहाँ भी हुआ हो, तुम्हारा जन्म यहीं हुआ है और मैं तुम्हें रटू

तोता नहीं बनने दूंगी। पढ़ने के समय पढ़ना और खेलने के समय खेलना अच्छा होता है। [CTET Feb 2016]

1. मीना और रमेश हैं, परस्पर

(1) मित्र

(2) भाई-बहन

(3) सहपाठी

(4) रिश्तेदार

2. रमेश ने मीना की पिटाई की, क्योकि वह

(1) कक्षा में अव्वल आ सकती थी

(2) अक्सर शैतानियों करती थी

(3) पढ़ नहीं रही थी

(4) पढ़ने नहीं दे रही थी

3. कक्षा में प्रथम आने के लिए आवश्यक है

(1) शुरू से नियमित पढ़ाई करना

(2) खेलकूद छोड़ देना

(3) रात-दिन पढ़ाई करना

(4) पढ़ाई के दिनों परिश्रम करना

4. "यह भी कोई पढ़ने का समय है?" प्रश्न का आशय है

(1) पढ़ने का कोई समय नहीं होता।

(2) वह समय पढ़ने का नहीं है।

(3) यह भी पढ़ने का एक समय है।

(4) यह पढ़ने का ही कोई समय है।

5. जो शब्द शेष से भिन्न हो, उसे छाँटिए।

(1) परीक्षा

(2) प्रथम

(3) अव्वल

(4) फर्स्ट

6. कौन-सा विशेषण रमेश के लिए उपयुक्त है?

(1) रट्टू तोता

(2) लापरवाह

(3) पदाकू

(4) परिश्रमी

7. 'पर तुम' का भाव है

(1) पर तुमने पढ़ना छोड़ दिया

(2) पर तुम पढ़ते ही रहे

(3) पर तुमने ध्यान नहीं दिया

(4) पर तुमने रटना ही सीखा

8. अकबर का जन्म कहाँ हुआ था?

(1) आगरा

(2) अमरकोट

(3) दिल्ली

(4) फतेहपुरी

9. 'बहुत निकट आना' के लिए मुहावरा है है

(1) अव्वल आना

(2) तोता रटंत

(3) पास आना

(4) सर पर आना

गद्यांश 10

लघु उद्योग उन उद्योगों को कहा जाता है, जिनके समारम्भ आयोजन के लिए भारी-भरकम साधनों की आवश्यकता नहीं पड़ती। वे थोड़े-से स्थान पर, थोड़ी पूँजी और अल्प साधनों से ही आरम्भ किए जा सकते हैं। फिर भी उनसे सुनियोजित ढंग से अधिकाधिक लाभ प्राप्त करके देश की निर्धनता, गरीबी और विषमताओं से एक सीमा तक लड़ा जा सकता है। अपने आकार-प्रकार तथा साधनों की लघुता व अल्पता के कारण ही इस प्रकार के उद्योग-धन्धों को कुटीर उद्योग भी कहा जाता है। इस प्रकार के उद्योग-धन्धे अपने घर में भी आरम्भ किए जा सकते हैं और अपने सीमित साधनों का

सदुपयोग कर आर्थिक लाभ कमाया जा सकता है और सुखी-समृद्ध बना जा सकता है। भारत जैसे देश के लिए तो इस प्रकार के लघु उद्योगों का महत्त्व और भी बढ़ जाता है, क्योकि यहाँ युवाओं की एक बहुत बड़ी संख्या बेरोजगार है। इसी कारण महात्मा गाँधी ने मशीनीकरण का विरोध किया था। उनकी यह स्पष्ट धारणा थी कि लघु उद्योगों को प्रश्रय देने से लोग स्वावलम्बी बनेगे, मजदूर-किसान फसलों की बुआई-कटाई से फुर्सत पाकर अपने खाली समय का सदुपयोग भी करेंगे। इस प्रकार आर्थिक समृद्धि तो बढ़ेगी ही, साथ ही लोगों को अपने घर के पास रोजगार मिल सकेगा।

1. उन उद्योगों को लघु उद्योग कहा जाता है
(1) जिन्हें निर्धन व्यक्ति आयोजित करते हैं
(2) जिनसे अल्प लाभ मिलता है
(3) जो अल्प अवधि तक बलते हैं
(4) जो कम साधनों से शुरू किए जा सकते हैं

2. 'मशीनीकरण' से तात्पर्य है
(1) मशीनों का अधिकाधिक उपयोग
(2) मशीनों का अधिकाधिक निर्माण
(3) मशीनों की अधिकाधिक उपलब्धता
(4) मशीनों की अधिकाधिक खरीद

3. लघु उद्योगों को प्रश्रय देने के सन्दर्भ में गाँधीजी की क्या धारणा यो?
(1) किसानों को दुआई-कटाई से फुर्सत मिल सके
(2) मशीनीकरण का विरोध किया जा सके
(3) लोगों को आर्थिक रूप से आत्मनिर्भर बनाया जा सके
(4) समय का सदुपयोग किया जा सके

4. भारत जैसे देश के लिए लघु उद्योग-धन्धों का महत्त्व क्यों बढ़ जाता है?
(1) क्योंकि यहाँ मशीनों की उपलब्धता बहुत कम है
(2) क्योंकि यहाँ के युवा वर्ग को मशीनों पर काम करना नहीं आता
(3) क्योंकि यहाँ कम पूँजी वाले लोग अधिक संख्या में है
(4) क्योंकि यहाँ बहुत-से लोगों को काम की जरूरत है

5. 'विषमता' का विपरीतार्थी शब्द है
   (1) सामान्यतः
   (2) समानता
   (3) असमानता
   (4) प्रतिकूलता

6. 'समृद्ध' शब्द में भाव है
   (1) समर्थ होने का
   (2) रोजगार पाने का
   (3) खुशहाल होने का
   (4) धनी होने का

7. 'अल्पता' शब्द है
   (1) तत्सम
   (2) देशज
   (3) विदेशी
   (4) तद्भव

8. कोन-सा शब्द-युग्म शेष से भिन्न है?
   (1) भारी-भरकम
   (2) पशु-पक्षी
   (3) माता-पिता
   (4) दिन-रात

9. गद्यांश के अनुसार 'प्रश्रय' शब्द का भाव है
   (1) नियुक्ति करना
   (2) अनुमोदन करना
   (3) स्वीकृति देना
   (4) संरक्षण देना

उत्तरमाला
गद्यांश 1. - 1. (1), 2. (4), 3. (1), 4. (2), 5. (4), 6. (3), 7. (1). 8. (4). 9. (1)
गद्यांश 2. - 1. (3), 2. (1), 3. (2), 4. (3), 5. (2). 6. (3), 7. (2), 8.(1), 9. (1)
गद्यांश 3. - 1. (1), 2. (2), 3. (1), 4. (2), 5. (4), 6. (4), 7. (1). 8. (2), 9. (4)
गद्यांश 4. - 1. (4), 2. (3), 3. (3), 4. (4). 5. (3). 6. (4), 7. (3). 8. (1). 9. (2)
गद्यांश 5. - 1. (2), 2. (4), 3. (1), 4.(2).5 (4), 6. (3) 7.(1), 8. (4). 9. (1)
गद्यांश 6. - 1. (3), 2. (4), 3. (1). 4.(2), 5. (1), 6. (3), 7. (2). 8. (2), 9.(4)
गद्यांश 7. - 1. (1), 2. (3), 3. (2), 4. (2), 5. (4), 6. (4), 7. (3), 8. (1). 9. (1)
गद्यांश 8. - 1. (3), 2. (3), 3. (1), 4. (1), 5. (1), 6. (3), 7. (2). 8.(1). 9. (3)
गद्यांश 9. - 1. (2), 2. (4), 3. (1), 4. (2). 5. (1), 6. (1), 7. (3), 8. (2). 9. (4)
गद्यांश 10. - 1. (4), 2. (1), 3(3). 4. (4), 5. (2), 6. (3), 7 (1) 8 (3). 9. (4)

हिंदी वर्णमाला (स्वर, व्यंजन)

वर्ण, वर्णमाला की परिभाषा-

वर्ण- वर्ण उस मूल ध्वनि को कहते हैं, जिसके खंड या टुकड़े नहीं किये जा सकते। जैसे- अ, ई, व, च, क, ख् इत्यादि। वर्ण भाषा की सबसे छोटी इकाई है, इसके और खंड नहीं किये जा सकते। उदाहरण द्वारा मूल ध्वनियों को यहाँ स्पष्ट किया जा सकता है। 'राम' और 'गया' में चार-चार मूल ध्वनियाँ हैं, जिनके खंड नहीं किये जा सकते- र + आ + म + अ = राम, ग + अ + य + आ = गया। इन्हीं अखंड मूल ध्वनियों को वर्ण कहते हैं। हर वर्ण की अपनी लिपि होती है। लिपि को वर्ण संकेत भी कहते हैं। हिन्दी में 52 वर्ण हैं। वर्णमाला- वर्णों के समूह को वर्णमाला कहते हैं। इसे हम ऐसे भी कह सकते है, किसी भाषा के समस्त वर्णो के समूह को वर्णमाला कहते हैं।

प्रत्येक भाषा की अपनी वर्णमाला होती है।

हिंदी- अ, आ, क, ख, ग.....

अंग्रेजी- A, B, C, D, E....

वर्ण के भेद

हिंदी भाषा में वर्ण दो प्रकार के होते है।- (1)स्वर (vowel) (2) व्यंजन (Consonant)

(1) स्वर (vowel) :- वे वर्ण जिनके उच्चारण में किसी अन्य वर्ण की सहायता की आवश्यकता नहीं होती, स्वर कहलाता है। इसके उच्चारण में कंठ, तालु का उपयोग होता है, जीभ, होठ का नहीं। हिंदी वर्णमाला में 16 स्वर है

जैसे- अ आ इ ई उ ऊ ए ऐ ओ औ अं अः ऋ ॠ ऌ ॡ।

स्वर के भेद

स्वर के दो भेद होते है-

(i) मूल स्वर (ii) संयुक्त स्वर

(i) मूल स्वर:- अ, आ, इ, ई, उ, ऊ, ए, ओ

(ii) संयुक्त स्वर:- ऐ (अ +ए) और औ (अ +ओ)

मूल स्वर के भेद

मूल स्वर के तीन भेद होते है -

(i) ह्रस्व स्वर (ii) दीर्घ स्वर (iii)प्लुत स्वर

(i)ह्रस्व स्वर :- जिन स्वरों के उच्चारण में कम समय लगता है उन्हें ह्स्व स्वर कहते है।

ह्स्व स्वर चार होते है -अ आ उ ऋ।

'ऋ' की मात्रा (ृ) के रूप में लगाई जाती है तथा उच्चारण 'रि' की तरह होता है।

(ii) दीर्घ स्वर :-वे स्वर जिनके उच्चारण में ह्रस्व स्वर से दोगुना समय लगता है, वे दीर्घ स्वर कहलाते हैं। सरल शब्दों में - स्वरों उच्चारण में अधिक समय लगता है उन्हें दीर्घ स्वर कहते है।

दीर्घ स्वर सात होते है -आ, ई, ऊ, ए, ऐ, ओ, औ।

दीर्घ स्वर दो शब्दों के योग से बनते है।

जैसे - आ =(अ +अ)

ई =(इ +इ)

ऊ =(उ +उ)

ए =(अ +इ)

ऐ =(अ +ए)

ओ =(अ +उ)

औ =(अ +ओ)

(iii) प्लुत स्वर :-वे स्वर जिनके उच्चारण में दीर्घ स्वर से भी अधिक समय यानी तीन मात्राओं का समय लगता है, प्लुत स्वर कहलाते हैं। सरल शब्दों में - जिस स्वर के उच्चारण में तिगुना समय लगे, उसे 'प्लुत' कहते हैं।

इसका चिह्न (S) है। इसका प्रयोग अकसर पुकारते समय किया जाता है। जैसे- सुनोSS, राSSम, ओSSम्।

हिन्दी में साधारणतः प्लुत का प्रयोग नहीं होता। वैदिक भाषा में प्लुत स्वर का प्रयोग अधिक हुआ है। इसे 'त्रिमात्रिक' स्वर भी कहते हैं।

अं, अः अयोगवाह कहलाते हैं। वर्णमाला में इनका स्थान स्वरों के बाद और व्यंजनों से पहले होता है। अं को अनुस्वार तथा अः को विसर्ग कहा जाता है।

अनुनासिक, निरनुनासिक, अनुस्वार और विसर्ग

अनुनासिक, निरनुनासिक, अनुस्वार और विसर्ग- हिन्दी में स्वरों का उच्चारण अनुनासिक और निरनुनासिक होता हैं। अनुस्वार और विर्सग व्यंजन हैं, जो स्वर के बाद, स्वर से स्वतंत्र आते हैं। इनके संकेतचिह्न इस प्रकार हैं।

अनुनासिक (ँ) - ऐसे स्वरों का उच्चारण नाक और मुँह से होता है और उच्चारण में लघुता रहती है। जैसे- गाँव, दाँत, आँगन, साँचा इत्यादि।

अनुस्वार (ं) - यह स्वर के बाद आनेवाला व्यंजन है, जिसकी ध्वनि नाक से निकलती है। जैसे- अंगूर, अंगद, कंकन।

निरनुनासिक - केवल मुँह से बोले जानेवाला सस्वर वर्णों को निरनुनासिक कहते हैं। जैसे- इधर, उधर, आप, अपना, घर इत्यादि।

विसर्ग(ः) - अनुस्वार की तरह विसर्ग भी स्वर के बाद आता है। यह व्यंजन है और इसका उच्चारण 'ह' की तरह होता है। संस्कृत में इसका काफी व्यवहार है। हिन्दी में अब इसका अभाव होता जा रहा है; किन्तु तत्सम शब्दों के प्रयोग में इसका आज भी उपयोग होता है। जैसे मनःकामना, पयःपान, अतः, स्वतः, दुःख इत्यादि।

व्यंजन

जिन वर्णो को बोलने के लिए स्वर की सहायता लेनी पड़ती है उन्हें व्यंजन कहते है।

दूसरे शब्दो में- व्यंजन उन वर्णों को कहते हैं, जिनके उच्चारण में स्वर वर्णों की सहायता ली जाती है। जैसे- क, ख, ग, च, छ, त, थ, द, भ, म इत्यादि।

'क' से विसर्ग (:) तक सभी वर्ण व्यंजन हैं। प्रत्येक व्यंजन के उच्चारण में 'अ' की ध्वनि छिपी रहती है। 'अ' के बिना व्यंजन का उच्चारण सम्भव नहीं। जैसे- ख्+अ=ख, प्+अ =प। व्यंजन वह ध्वनि है, जिसके उच्चारण में भीतर से आती हुई वायु मुख में कहीं-न-कहीं, किसी-न-किसी रूप में, बाधित होती है। स्वरवर्ण स्वतंत्र और व्यंजनवर्ण स्वर पर आश्रित है। हिन्दी में व्यंजनवर्णो की संख्या ३३ है।

व्यंजनों के प्रकार -

व्यंजनों तीन प्रकार के होते है-

(1) स्पर्श व्यंजन

(2) अन्तःस्थ व्यंजन

(3) उष्म व्यंजन

1. **स्पर्श व्यंजन :-** स्पर्श का अर्थ होता है -छूना। जिन व्यंजनों का उच्चारण करते समय जीभ मुँह के किसी भाग जैसे- कण्ठ, तालु, मूर्धा, दाँत, अथवा होठ का स्पर्श करती है, उन्हें स्पर्श व्यंजन कहते है। दूसरे शब्दो में- ये कण्ठ, तालु, मूर्द्धा, दन्त और ओष्ठ स्थानों के स्पर्श से बोले जाते हैं। इसी से इन्हें स्पर्श व्यंजन कहते हैं। इन्हें हम 'वर्गीय व्यंजन' भी कहते है; क्योंकि ये उच्चारण-स्थान की अलग-अलग एकता लिए हुए वर्गों में विभक्त हैं। ये 25 व्यंजन होते है

(1) क वर्ग - क ख ग घ ङ ये कण्ठ का स्पर्श करते है।

(2) च वर्ग - च छ ज झ ञ ये तालु का स्पर्श करते है।

(3) ट वर्ग - ट ठ ड ढ ण (ड़, ढ़) ये मूर्धा का स्पर्श करते है।

(4) त वर्ग - त थ द ध न ये दाँतो का स्पर्श करते है।

(5) प वर्ग - प फ ब भ म ये होठों का स्पर्श करते है।

2. **अन्तःस्थ व्यंजन :-** 'अन्तः' का अर्थ होता है- 'भीतर'। उच्चारण के समय जो व्यंजन मुँह के भीतर ही रहे उन्हें अन्तःस्थ व्यंजन कहते है। अन्तः = मध्य/बीच, स्थ = स्थित। इन व्यंजनों का उच्चारण स्वर तथा व्यंजन के मध्य का-सा होता है। उच्चारण के समय जिह्वा मुख के किसी भाग को स्पर्श नहीं करती। ये व्यंजन चार होते है- य, र, ल, व। इनका उच्चारण जीभ, तालु, दाँत और ओठों के परस्पर सटाने से होता है, किन्तु कहीं भी पूर्ण स्पर्श नहीं होता। अतः ये चारों अन्तःस्थ व्यंजन 'अर्द्धस्वर' कहलाते हैं।

3. उष्म व्यंजन :- उष्म का अर्थ होता है- गर्म। जिन वर्णो के उच्चारण के समय हवा मुँह के विभिन्न भागों से टकराये और साँस में गर्मी पैदा कर दे, उन्हें उष्म व्यंजन कहते है। ऊष्म = गर्म। इन व्यंजनों के उच्चारण के समय वायु मुख से रगड़ खाकर ऊष्मा पैदा करती है यानी उच्चारण के समय मुख से गर्म हवा निकलती है। उष्म व्यंजनों का उच्चारण एक प्रकार की रगड़ या घर्षण से उत्पत्र उष्म वायु से होता हैं। ये भी चार व्यंजन होते है- श, ष, स, ह।

उच्चारण स्थान के आधार पर व्यंजनों का वर्गीकरण

व्यंजनों का उच्चारण करते समय हवा मुख के अलग-अलग भागों से टकराती है। उच्चारण के अंगों के आधार पर व्यंजनों का वर्गीकरण इस प्रकार है :

(i) कंठ्य (गले से) - क, ख, ग, घ, ङ

(ii) तालव्य (कठोर तालु से) - च, छ, ज, झ, ञ, य, श

(iii) मूर्धन्य (कठोर तालु के अगले भाग से) - ट, ठ, ड, ढ, ण, ड़, ढ़, ष

(iv) दंत्य (दाँतों से) - त, थ, द, ध, न

(v) वर्त्स्य (दाँतों के मूल से) - स, ज, र, ल

(vi) ओष्ठय (दोनों होंठों से) - प, फ, ब, भ, म

(vii) दंतौष्ठय (निचले होंठ व ऊपरी दाँतों से) - व, फ

(viii) स्वर यंत्र से - ह

श्वास (प्राण-वायु) की मात्रा के आधार पर वर्ण-भेद

उच्चारण में वायुप्रक्षेप की दृष्टि से व्यंजनों के दो भेद हैं- (1) अल्पप्राण (2) महाप्राण

(1) अल्पप्राण :- जिनके उच्चारण में श्वास पुरव से अल्प मात्रा में निकले और जिनमें 'हकार'-जैसी ध्वनि नहीं होती, उन्हें अल्पप्राण कहते हैं। सरल शब्दों में- जिन वर्णों के उच्चारण में वायु की सामान्य मात्रा रहती है और हकार जैसी ध्वनि बहुत ही कम होती है। वे अल्पप्राण कहलाते हैं। प्रत्येक वर्ग का पहला, तीसरा और पाँचवाँ वर्ण अल्पप्राण व्यंजन हैं। जैसे- क, ग, ङ; ज, ञ; ट, ड, ण; त, द, न; प, ब, म,। अन्तःस्थ (य, र, ल, व) भी अल्पप्राण ही हैं।

(2) महाप्राण :- जिनके उच्चारण में 'हकार'-जैसी ध्वनि विशेष रूप से रहती है और श्वास अधिक मात्रा में निकलती हैं। उन्हें महाप्राण कहते हैं। सरल शब्दों में- जिन वर्णों के उच्चारण में वायु की पर्याप्त मात्रा होती है, जिसके कारण हकार-जैसी ध्वनि स्पष्ट दिखती है। वे महाप्राण कहलाते हैं।

प्रत्येक वर्ग का दूसरा और चौथा वर्ण तथा समस्त ऊष्म वर्ण महाप्राण हैं। जैसे- ख, घ; छ, झ; ठ, ढ; थ, ध; फ, भ और श, ष, स, ह। संक्षेप में अल्पप्राण वर्णों की अपेक्षा महाप्राणों में प्राणवायु का उपयोग अधिक श्रमपूर्वक करना पड़ता हैं।

संयुक्त व्यंजन :- जो व्यंजन दो या दो से अधिक व्यंजनों के मेल से बनते हैं, वे संयुक्त व्यंजन कहलाते हैं।

ये संख्या में चार हैं :

क्ष = क् + ष + अ = क्ष (रक्षक, भक्षक, क्षोभ, क्षय)

त्र = त् + र् + अ = त्र (पत्रिका, त्राण, सर्वत्र, त्रिकोण)

ज्ञ = ज् + ञ + अ = ज्ञ (सर्वज्ञ, ज्ञाता, विज्ञान, विज्ञापन)

श्र = श् + र् + अ = श्र (श्रीमती, श्रम, परिश्रम, श्रवण)

संयुक्त व्यंजन में पहला व्यंजन स्वर रहित तथा दूसरा व्यंजन स्वर सहित होता है।

द्वित्व व्यंजन :- जब एक व्यंजन का अपने समरूप व्यंजन से मेल होता है, तब वह द्वित्व व्यंजन कहलाता हैं।

जैसे- क् + क = पक्का

च् + च = कच्चा

म् + म = चम्मच

त् + त = पत्ता

द्वित्व व्यंजन में भी पहला व्यंजन स्वर रहित तथा दूसरा व्यंजन स्वर सहित होता है।

संयुक्ताक्षर :- जब एक स्वर रहित व्यंजन अन्य स्वर सहित व्यंजन से मिलता है, तब वह संयुक्ताक्षर कहलाता हैं।

जैसे- क् + त = क्त = संयुक्त

स् + थ = स्थ = स्थान

स् + व = स्व = स्वाद

द् + ध = द्ध = शुद्ध

यहाँ दो अलग-अलग व्यंजन मिलकर कोई नया व्यंजन नहीं बनाते।

वर्णों की मात्राएँ

व्यंजन वर्णों के उच्चारण में जिन स्वरमूलक चिह्नों का व्यवहार होता है, उन्हें 'मात्राएँ' कहते हैं। दूसरे शब्दो में - स्वरों के व्यंजन में मिलने के इन रूपों को भी 'मात्रा' कहते हैं, क्योंकि मात्राएँ तो स्वरों की होती हैं। ये मात्राएँ दस है; जैसे – ा, े, ै, ो, ू इत्यादि। ये मात्राएँ केवल व्यंजनों में लगती हैं; जैसे- का, कि, की, कु, कू, कृ, के, कै, को, कौ इत्यादि। स्वर वर्णों की ही ह्स्व-दीर्घ (छंद में लघु-गुरु) मात्राएँ होती हैं, जो व्यंजनों में लगने पर उनकी मात्राएँ हो जाती हैं। हाँ, व्यंजनों में लगने पर स्वर उपयुक्त दस रूपों के हो जाते हैं।

घोष और अघोष व्यंजन

(1) घोष व्यंजन :- नाद की दृष्टि से जिन व्यंजनवर्णों के उच्चारण में स्वर-तन्त्रियाँ झंकृत होती हैं, वे घोष कहलाते हैं।

घोष ध्वनियों के उच्चारण में स्वर-तंत्रियाँ आपस में मिल जाती हैं और वायु धक्का देते बाहर निकलती है। फलतः झंकृति पैदा होती है। इसके अंतर्गत सभी स्वर वर्णों के तृतीय, चतुर्थ और पंचम वर्ण, अन्तःस्थ और ह आते हैं।

(2)अघोष व्यंजन :- नाद की दृष्टि से जिन व्यंजन वर्णों के उच्चारण में स्वर-तन्त्रियाँ झंकृत नहीं होती हैं, वे अघोष कहलाते हैं। अघोष वर्णों के उच्चारण में स्वर-तंत्रियाँ परस्पर नहीं मिलतीं। फलतः, वायु, आसानी से निकल जाती है। इस वर्ग में वर्गों के प्रथम और द्वितीय वर्ण और तीनों स (श, ष, स) आते हैं। 'घोष' में केवल नाद का उपयोग होता हैं, जबकि 'अघोष' में केवल श्वास का। उदाहरण के लिए- अघोष वर्ण- क, ख, च, छ, ट, ठ, त, थ, प, फ, श, ष, स। घोष वर्ण- प्रत्येक वर्ग का तीसरा, चौथा और पाँचवाँ वर्ण, सारे स्वरवर्ण, य, र, ल, व और ह।

हल्

हल् - व्यंजनों के नीचे जब एक तिरछी रेखा लगाई जाय, तब उसे हल् कहते हैं। 'हल्' लगाने का अर्थ है कि व्यंजन में स्वरवर्ण का बिलकुल अभाव है या व्यंजन आधा हैं। जैसे- 'क' व्यंजनवर्ण हैं, इसमें 'अ' स्वरवर्ण की ध्वनि छिपी हैं। यदि हम इस ध्वनि को बिलकुल अलग कर देना चाहें, तो 'क' में हलन्त या हल् चिह्न लगाना आवश्यक होगा। ऐसी स्थिति में इसके रूप इस प्रकार होंगे- क्, ख्,

ग्, च् । हिन्दी के नये वर्ण:हिन्दी वर्णमाला में पाँच नये व्यंजन- क्ष, त्र, ज्ञ, ड़ और ढ़ - जोड़े गये हैं। किन्तु, इनमें प्रथम तीन स्वतंत्र न होकर संयुक्त व्यंजन हैं, जिनका खण्ड किया जा सकता हैं। जैसे- क्+ष =क्ष; त्+र=त्र; ज्+ञ=ज्ञ।

अतः क्ष, त्र और ज्ञ की गिनती स्वतंत्र वर्णों में नहीं होती। ड और ढ के नीचे बिन्दु लगाकर दो नये अक्षर ड़ और ढ़ बनाये गये हैं। ये संयुक्त व्यंजन हैं।

यहाँ ड़-ढ़ में 'र' की ध्वनि मिली हैं। इनका उच्चारण साधारणतया मूर्द्धा से होता हैं। किन्तु कभी-कभी जीभ का अगला भाग उलटकर मूर्द्धा में लगाने से भी वे उच्चरित होते हैं।

वर्णों का उच्चारण

कोई भी वर्ण मुँह के भिन्न-भिन्न भागों से बोला जाता हैं। इन्हें उच्चारणस्थान कहते हैं। मुख के छह भाग हैं- कण्ठ, तालु, मूर्द्धा, दाँत, ओठ और नाक। हिन्दी के सभी वर्ण इन्हीं से अनुशासित और उच्चरित होते हैं। चूँकि उच्चारणस्थान भिन्न हैं, इसलिए वर्णों की निम्नलिखित श्रेणियाँ बन गई हैं-

कण्ठ्य - कण्ठ और निचली जीभ के स्पर्श से बोले जानेवाले वर्ण- अ, आ, कवर्ग, ह और विसर्ग।

तालव्य - तालु और जीभ के स्पर्श से बोले जानेवाले वर्ण- इ, ई, चवर्ग, य और श।

मूर्द्धन्य - मूर्द्धा और जीभ के स्पर्शवाले वर्ण- टवर्ग, र, ष।

दन्त्य - दाँत और जीभ के स्पर्श से बोले जानेवाले वर्ण- तवर्ग, ल, स।

ओष्ठ्य - दोनों ओठों के स्पर्श से बोले जानेवाले वर्ण- उ, ऊ, पवर्ग।

कण्ठतालव्य - कण्ठ और तालु में जीभ के स्पर्श से बोले जानेवाले वर्ण- ए,ऐ।

कण्ठोष्ठ्य - कण्ठ द्वारा जीभ और ओठों के कुछ स्पर्श से बोले जानेवाले वर्ण- ओ और औ।

दन्तोष्ठ्य - दाँत से जीभ और ओठों के कुछ योग से बोला जानेवाला वर्ण- व।

स्वरवर्णों का उच्चारण

'अ' का उच्चारण- यह कण्ठ्य ध्वनि हैं। इसमें व्यंजन मिला रहता हैं। जैसे- क्+अ=क। जब यह किसी व्यंजन में नहीं रहता, तब उस व्यंजन के नीचे हल् का चिह्न लगा दिया जाता हैं। हिन्दी के प्रत्येक शब्द के अन्तिम 'अ' लगे वर्ण का उच्चारण हलन्त-सा होता हैं। जैसे- नमक्, रात्, दिन्, मन्, रूप्, पुस्तक्, किस्मत् इत्यादि।

इसके अतिरिक्त, यदि अकारान्त शब्द का अन्तिम वर्ण संयुक्त हो, तो अन्त्य 'अ' का उच्चारण पूरा होता हैं। जैसे- सत्य, ब्रह्म, खण्ड, धर्म इत्यादि। इतना ही नहीं, यदि इ, ई या ऊ के बाद 'य' आए, तो अन्त्य 'अ' का उच्चारण पूरा होता हैं। जैसे- प्रिय, आत्मीय, राजसूय आदि।

'ऐ' और 'औ' का उच्चारण-'ऐ' का उच्चारण कण्ठ और तालु से और 'औ' का उच्चारण कण्ठ और ओठ के स्पर्श से होता हैं। संस्कृत की अपेक्षा हिन्दी में इनका उच्चारण भित्र होता हैं। जहाँ संस्कृत में 'ऐ' का उच्चारण 'अइ' और 'औ' का उच्चारण 'अउ' की तरह होता हैं, वहाँ हिन्दी में इनका उच्चारण क्रमशः 'अय' और 'अव' के समान होता हैं। अतएव, इन दो स्वरों की ध्वनियाँ संस्कृत से भित्र हैं। जैसे -

संस्कृत में	हिन्दी में
श्अइल-	शैल (अइ)
अयसा (अय)	ऐसा
क्अउतुक-	कौतुक (अउ)
क्अवन (अव)	कौन

व्यंजनों का उच्चारण

'व' और 'ब' का उच्चारण-'व' का उच्चारणस्थान दन्तोष्ठ हैं, अर्थात दाँत और ओठ के संयोग से 'व' का उच्चारण होता है और 'ब' का उच्चारण दो ओठों के मेल से होता हैं। हिन्दी में इनके उच्चारण और लिखावट पर पूरा ध्यान नहीं दिया जाता। नतीजा यह होता हैं कि लिखने और बोलने में भद्दी भूलें हो जाया करती हैं। 'वेद' को 'बेद' और 'वायु' को 'बायु' कहना भद्दा लगता हैं।
संस्कृत में 'ब' का प्रयोग बहुत कम होता हैं, हिन्दी में बहुत अधिक। यही कारण है कि संस्कृत के तत्सम शब्दों में प्रयुक्त 'व' वर्ण को हिन्दी में 'ब' लिख दिया जाता हैं। बात यह है कि हिन्दीभाषी बोलचाल में भी 'व' और 'ब' का उच्चारण एक ही तरह करते हैं। इसलिए लिखने में भूल हो जाया करती हैं। इसके फलस्वरूप शब्दों का अशुद्ध प्रयोग हो जाता हैं। इससे अर्थ का अनर्थ भी होता हैं। कुछ उदाहरण इस प्रकार हैं-

(i) वास - रहने का स्थान, निवास। बास- सुगन्ध, गुजर।

(ii) वंशी - मुरली। बंशी- मछली फँसाने का यन्त्र।

(iii) वेग - गति। बेग- थैला (अँगरेजी), कपड़ा (अरबी), तुर्की की एक पदवी।

(iv) वाद - मत। बाद- उपरान्त, पश्चात।

(v) वाह्य - वहन करने (ढोय) योग्य। बाह्य- बाहरी।

सामान्यतः हिन्दी की प्रवृत्ति 'ब' लिखने की ओर हैं। यही कारण है कि हिन्दी शब्दकोशों में एक ही शब्द के दोनों रूप दिये गये हैं। बँगला में तो एक ही 'ब' (व) है, 'व' नहीं। लेकिन, हिन्दी में यह स्थिति नहीं हैं। यहाँ तो 'वहन' और 'बहन' का अन्तर बतलाने के लिए 'व' और 'ब' के अस्तित्व को बनाये रखने की आवश्यकता हैं।

'ड़' और 'ढ़' का उच्चारण-हिन्दी वर्णमाला के ये दो नये वर्ण हैं, जिनका संस्कृत में अभाव हैं। हिन्दी में 'ड' और 'ढ' के नीचे बिन्दु लगाने से इनकी रचना हुई हैं। वास्तव में ये वैदिक वर्णों ळ और ळ्ह के विकसित रूप हैं। इनका प्रयोग शब्द के मध्य या अन्त में होता हैं। इनका उच्चारण करते समय जीभ झटके से ऊपर जाती है, इन्हें उश्रिप्प (ऊपर फेंका हुआ) व्यंजन कहते हैं। जैसे- सड़क, हाड़, गाड़ी, पकड़ना, चढ़ाना, गढ़।

श-ष-स का उच्चारण-ये तीनों उष्म व्यंजन हैं, क्योंकि इन्हें बोलने से साँस की ऊष्मा चलती हैं। ये संघर्षी व्यंजन हैं।

'श' के उच्चारण में जिह्वा तालु को स्पर्श करती है और हवा दोनों बगलों में स्पर्श करती हुई निकल जाती है, पर 'ष' के उच्चारण में जिह्वा मूर्द्धा को स्पर्श करती हैं। अतएव 'श' तालव्य वर्ण है और 'ष' मूर्धन्य वर्ण। हिन्दी में अब 'ष' का उच्चारण 'श' के समान होता हैं। 'ष' वर्ण उच्चारण में नहीं है, पर लेखन में हैं। सामान्य रूप से 'ष' का प्रयोग तत्सम शब्दों में होता है; जैसे- अनुष्ठान, विषाद, निष्ठा, विषम, कषाय इत्यादि।

'श' और 'स' के उच्चारण में भेद स्पष्ट हैं। जहाँ 'श' के उच्चारण में जिह्वा तालु को स्पर्श करती है, वहाँ 'स' के उच्चारण में जिह्वा दाँत को स्पर्श करती है। 'श' वर्ण सामान्यतया संस्कृत, फारसी, अरबी और अँगरेजी के शब्दों में पाया जाता है; जैसे- पशु, अंश, शराब, शीशा, लाश, स्टेशन, कमीशन इत्यादि। हिन्दी की बोलियों में श, ष का स्थान 'स' ने ले लिया है। 'श' और 'स' के अशुद्ध उच्चारण से गलत शब्द बन जाते है और उनका अर्थ ही बदल जाता है। अर्थ और उच्चारण के अन्तर को दिखलानेवाले कुछ उदाहरण इस प्रकार है-

अंश (भाग)- अंस (कन्धा) । शकल (खण्ड)- सकल (सारा) । शर (बाण)- सर (तालाब) । शंकर (महादेव)- संकर (मिश्रित) । श्र्व (कुत्ता)- स्व (अपना) । शान्त (धैर्ययुक्त)- सान्त (अन्तसहित)।

'ड' और 'ढ' का उच्चारण-इसका उच्चारण शब्द के आरम्भ में, द्वित्व में और हस्व स्वर के बाद अनुनासिक व्यंजन के संयोग से होता है। जैसे- डाका, डमरू, ढाका, ढकना, ढोल- शब्द के आरम्भ में। गड्ढा, खड्ढा- द्वित्व में। डंड, पिंड, चंडू, मंडप- हस्व स्वर के पश्रात, अनुनासिक व्यंजन के संयोग पर।

वर्णों के मेल से मात्रिक तथा अमात्रिक शब्दों की पहचान

मात्रा/ मात्रिक

वर्ण के उच्चारण में जो समय लगता है उसे मात्रा कहते हैं। छंद में मात्राओं की गिनती ज़रूरी है। मात्राएँ दो प्रकार की होती हैं:

लघु मात्राएँ

गिनती: 1 मात्रा

चिन्ह: । या 1

उच्चारण: ह्रस्व [Hrasva / Short sounding letter]

दीर्घ मात्राएँ

गिनती: 2 मात्राएँ

चिन्ह: S या 2

उच्चारण: गुरु / दीर्घ [Deergh / long sounding letters]

संक्षेप में मात्रा गणना के सूत्र:

मात्रा केवल स्वर की गिनी जाती है।

बिना स्वर के कोई उच्चारण नहीं होता अतः जो भी अक्षर देखें उसमेँ लगे हुए स्वर पर दृष्टि डालें।

स्वर यदि लघु है तो मात्रा लघु होगी अर्थात् 1 और यदि दीर्घ है तो 2 हिन्दी में प्लुत (3) नहीं है।

अक्षर = व्यंजन + स्वर

स्वर = अ – अः

लघु स्वर = एक मात्रा = अ, इ, उ + ऋ+ चन्द्र बिन्दु वाले स्वर

दीर्घ स्वर = दो मात्राएँ = आ, ई, ऊ, ए, ऐ, ओ, औ, अं, अः

व्यंजन = क – ज्ञ

लघु व्यंजन = एक मात्राः

क [क + अ],

कि [क + इ],

कु [क + उ] और

कृ [क + ऋ]

दीर्घ व्यंजन = दो मात्राएँ:

का [क + आ],

की [क + ई],

कू [क + ऊ],

के [क + ए],

कै [क + ऐ],

को [क + ओ],

कौ [क + औ],

कं [क + अं],

कः [क + अः]

विशेष ध्यान दें:

अनुस्वार और विसर्ग जिस अक्षर पर लगते हैं उसकी मात्राएँ दो हो जाती हैं। जैसे कि अंश, हंस, वंश, कंस में अं हं, वं, कं = दीर्घ = 2 मात्राएँ

जिन अक्षरों के साथ र की मात्रा मिश्रित है वे भी लघु ही रहते हैं जैसे कि प्र, क्र, श्र आदि ।

अनुनासिक यानि अर्ध-चन्द्र-बिंदु के प्रयोग वाले शब्दः ऊपर की मात्रा वाले वर्णों की कोई मात्रा नहीं गिनी जाती, जैसे किः

शब्द अँगना = अ की एक मात्रा ही रहेगी

शब्द आँगन = आ की दो मात्राएँ ही रहेंगी

शब्द हँस, विहँस, हँसना, आँख, पाँखी, चाँदी आदि।

थोड़े अभ्यास के बाद के उच्चारण मात्र से मात्राओं का अनुमान लगाया जा सकता है। आधी और तीन मात्राएँ आम तौर पर प्रयोग में नहीं लाई जातीं । इसीलिए स्वरहीन या शून्य वर्ण की गिनती अलग तरह से होती है।

अर्ध व्यंजन की मात्रा गणना

अर्ध व्यंजन को एक मात्रिक माना जाता है परन्तु यह स्वतंत्र लघु नहीं होता। उसे पहले या बाद वाले वर्ण के साथ संयुक्त कर दीर्घ यानि 2 मात्रा गिनी जाती हैं:

यदि अर्ध व्यंजन बाद वाले वर्ण के साथ संयुक्त हो तो = दीर्घ = 2 मात्राएँ जैसे कि:

शब्द प्यार में प्या = 2 मात्राएँ

शब्द त्याग में त्या = 2 मात्राएँ

शब्द म्लान में म्ला = 2 मात्राएँ

शब्द स्नान में स्ना= 2 मात्राएँ

यदि अर्ध व्यंजन के पूर्व का अक्षर लघु मात्रिक है तो दोनों मिल कर दीर्घ हो जाते हैं जैसे कि:

शब्द सत्य सत् = [1+1 = 2], य = 1 अर्थात सत्य = 2-1

शब्द कर्म – 2-1

शब्द हत्या – 2-2

शब्द अनुचित्य – 1-1-2-1

शब्द मृत्यु – 2-1

अपवाद: जहाँ अर्ध व्यंजन के पूर्व लघु मात्रिक अक्षर हो परन्तु उस पर अर्ध व्यंजन का भार न पड़ रहा हो तो पूर्व का लघु मात्रिक वर्ण दीर्घ नहीं होता। उदाहरण – कन्हैया – 1-2-2 में न् के पूर्व क है फिर भी यह दीर्घ नहीं होगा क्योकि उस पर न् का भार नहीं पड़ रहा है।

यदि अर्ध व्यंजन के पूर्व का अक्षर दीर्घ मात्रिक है तो लघु की मात्रा लुप्त हो जाती है जैसे कि:

शब्द आत्मा – आत् / मा = 2-2

शब्द महात्मा – म / हात् / मा 1-2-2

एक ही शब्द में दोनों प्रकार देखें – शब्द धर्मात्मा – धर् / मात् / मा 2-2-2

यदि अर्ध व्यंजन शब्द के प्रारम्भ में आता है तो भी यही नियम पालन होता है अर्थात अर्ध व्यंजन की मात्रा लुप्त हो जाती है जैसे कि:

शब्द स्नान = 2-1

संयुक्ताक्षर की मात्रा गणना

संयुक्ताक्षर जैसे = क्ष, त्र, ज्ञ, द्ध, द्व आदि जो दो व्यंजन के योग से बने होने के कारण दीर्घ मात्रिक हैं।

संयुक्ताक्षर में चाहे जितने व्यंजन लगे हों गणना स्वर की ही की जायेगी जैसे:

शब्द 'प्रथम' में 'प्र' [प्र + अ] = एक मात्रा

शब्द 'प्रातः' में 'प्रा' [प्र + आ] = दो मात्राएँ

शब्द 'अगस्त्य' में 'स्त्य' = य [य + अ] = एक मात्रा

शब्द 'आगस्त्येय' में 'स्त्ये' = ये [य + ए] = दो मात्राएँ

संयुक्ताक्षर के पूर्व यदि कोई लघु अक्षर है तो दोनों मिल कर उसकी मात्रा दीर्घ हो जाती है जैसे:

शब्द 'उपग्रह' में संयुक्ताक्षर 'ग्र' की एक मात्रा होगी और पूर्व लघु 'प' की दो मात्राएँ हो जाएँगी।

शब्द पत्र – 2-1,

शब्द वक्र – 2-1,

शब्द यक्ष = 2-1,

शब्द कक्ष – 2-1,

शब्द यज्ञ – 2-1,

शब्द शुद्ध – 2-1,

शब्द क्रुद्ध – 2-1

शब्द गोत्र – 2-1,

संयुक्ताक्षर जब दीर्घ स्वर युक्त होते हैं तो अपने पहले के व्यंजन को दीर्घ करते हुए स्वयं भी दीर्घ ही रहते हैं अथवा पहले का व्यंजन स्वयं दीर्घ हो तो भी दीर्घ स्वर युक्त संयुक्ताक्षर दीर्घ मात्रिक गिने जाते हैं जैसे:

शब्द प्रज्ञा – 2-2

शब्द राजाज्ञा – 2-2-2

संयुक्ताक्षर के पूर्व यदि कोई दीर्घ अक्षर है, तो वे स्वयं भी दीर्घ ही रहते हैं जैसे:

शब्द 'प्रान्त' में संयुक्ताक्षर 'प्रा' की मात्राएँ दो हैं जिसमें कोई परिवर्तन नहीं होगा।

ह के पूर्व कोई व्यंजन जुड़ कर सयुंक्ताक्षर बनाये तो प्रायः उसका पूर्ववर्ती लघु वर्ण दीर्घ नहीं होता। जैसे:

शब्द 'तुम्हारा' में तु = एक मात्रा ही रहेगी।

शब्द 'कन्हाई' में 'क' = एक मात्रा ही रहेगी किन्तु

शब्द 'नन्हें' में 'न' = दो मात्राएँ हो जाएँगी

संयुक्ताक्षर उच्चारण सम्बन्धी समस्या: बहुत बार संयुक्ताक्षर के उच्चारण के कारण मात्रा की गणना में समस्या या गलती होती हैं जैसे निम्न शब्दों पर ध्यान दें तो:

शब्द 'उपन्यास':

इसके शुद्ध उच्चारण होता है 'उप् न्यास' – यहाँ, 'न' का द्वित्त्व हो रहा है। अतः प्रायः संयुक्ताक्षर के पूर्व जब कोई लघु वर्ण होता है तो लघु वर्ण को समय या पहचान देने के लिए वहाँ रुकते हैं।

इस प्रक्रिया में अगले व्यंजन पर द्वित्व हो जाता है। यदि ऐसा न करें तो 'उपन्यास' का उच्चारण 'उप्न्यास' जैसा हो जाएगा जो अशुद्ध है।

शब्द नन्हें:

उच्चारण हो रहा है 'नन् न्हें' यहाँ 'न' का द्वित्व, दो मात्राएँ का कारण होता है।

चूंकि यह क्रिया 'न' के बाद हो रही है इसलिए 'न' की दो मात्रा हो जाएँगी।

शब्द 'समस्या':

उच्चारण है सम्-सस-या – यह अंतर इतना सूख्ष्म होता है कि हम ध्यान नहीं दे पाते।

शब्द 'प्राप्त' में सयुंक्ताक्षर से पूर्ण दीर्घ मात्रा है अतः कोई अंतर नहीं होता।

शब्द 'तृप्त' में पहले वाले 'त' की दो मात्राएँ होंगी।

'ह' के साथ विशेषता का कारण है कि सभी वर्गों के (कवर्गादि) द्वीतीय और चतुर्थ वर्ण क्रमशः प्रथम एवं तृतीय वर्ण के 'ह' के योग से बनते हैं। जैसे क्+ह = ख। इसे संघोषीकरण कहते हैं। इस रीति से

जब किसी व्यंजन के बाद 'ह' आता है तो यही सघोषीकरण जैसा प्रभाव उत्पन्न होता जिससे वह संयुक्ताक्षर होते हुए भी व्यवहार में शुद्ध वर्ण जैसा लगने लगता है। इसीलिए तुम्हारे में 'तु' की एक मात्रा हो जाती है। लेकिन जहाँ ऐसा प्रभाव उत्पन्न नहीं होता वहाँ यह नियम लागू नहीं होगा जैसे 'कुल्हड़' में 'कु' की दो मात्राएँ हैं लेकिन 'कुल्हाड़ी' में 'कु' की एक मात्रा हो जाएगी।

अंत में यह बात भी ध्यान में रखना जरूरी है कि हर नियम में अपवाद भी होते हैं। शुद्ध उच्चारण पर ध्यान दें तो मात्रा संबंधी त्रुटि नहीं होती।

महत्वपूर्ण:

चन्द्रबिन्दु से मात्रा में कोई अंतर नहीं आता। जैसे:

अँगना = अ की एक मात्रा ही रहेगी

आँगन = आ की दो मात्राएँ ही रहेंगी

वर्ण के उच्चारण में जो समय लगता है उसे मात्रा कहते हैं। आप थोड़े अभ्यास से शब्द के उच्चारण मात्र से मात्राओं का अनुमान लगा सकते हैं।

अमात्रिक शब्द

हिंदी लेखन व पठन में अमात्रिक शब्दों का प्रयोग बहुत ही महत्वपूर्ण है। अमात्रिक शब्दों का तात्पर्य 'अ' की मात्रा वाले शब्द। ये शब्द सामान्यतः व्यंजन पर बिना कोई मात्रा लगाकर बने होते हैं। ये छोटे व सरल होते हैं। अमात्रिक शब्द बच्चे में अक्षरों की पहचान स्थिर करने, व उनका बेहतर प्रयोग और उच्चारण करने में मदद करते हैं। अमात्रिक शब्द बच्चों में पढ़ने में रुचि बनाए रखते हैं, और उनका आत्मविश्वास में भी बढ़ोतरी करते हैं।

उद्देश्य (Objectives) –

- विद्यार्थी हिंदी भाषा के अमात्रिक शब्दों को पढ़ने व लिखने में सक्षम होंगे।
- विद्यार्थी अमात्रिक शब्दों की पहचान कर सकेंगे।
- अमात्रिक शब्दों का उच्चारण करने में सक्षम होंगे।
- चित्रों को देखकर उनका नाम लिख सकेंगे।
- विद्यार्थी अमात्रिक शब्दों का व चित्रों का संबंध स्थापित कर सकेंगे।

दो अक्षर वाले अमात्रिक शब्द

कट, कण, कद, कप, कब, कम, कर, कल, कस, कह

खग, खत, गज, गण, गम, गल, घट, घन, चख, चट, चल, छत

छन, छल, छत्र, जग, जन, जप, जब, जम, जय, जल, झट

टल, टस, ठग, ठप, डट, डर, डल, डस, ढक, ढल, तक, तट

तन, तप, तब, तय, तर, तल, तह, थक, थन, थम, थल, दम

दर, दल, दस, धन, नग, नच, नट, नथ, नभ, नम, नर, नल, नस

पक, पग, पट, पच, पद, पर, पल, पत्र, फट, फन, फल, बच, बन, बम

बल, बस, बह, भर, मग, मठ, मत, मद, मन, मर, मल

यह, यज्ञ, रच, रट, रण, रथ, रन, रब, रस, लट, लत, लय, वक, वट

वध, वन, वर, वह, शक, शत, शव, सच, सज, सट, सब, सत्र, हक, हट, हम, हर, हल, हश्र

तीन अक्षर वाले अमात्रिक शब्द

अमन, अजय, अटल, अचल, अमर, अजय, अकल, अटक, अनल, अक्षर, ऊलग, करन, कदम, कपट, कमल, कलश, कलम, कसक, कसर, कमर, कहर, खतम, खबर, गरम, गटर, गजल, गटक, गलत, चटक, जहर, जखम, जलज, बटन, बतख, मटर, पवन, शहर, पलक, पहर, भवन, नहर, नयन, हवन, लहर, सड़क, कड़क, भड़क, अगर, मगर, इधर, उधर, डगर, वहम, बहस, पकड़, जकड़, झगड़, रबड़, नक्षत्र

चार अक्षर वाले अमात्रिक शब्द

अकबर, अलवर, अनवर, अजगर, कसरत, शरबत, उबटन, पलटन, अनबन, हलचल, मरहम, नटखट, जमघट, पनघट, सरपट, झटपट, दशरथ, शलगम, बचपन, गड़बड़, अफ़सर, दलदल, मलमल, डमडम, बरतन, अचकन, बरगद, टमटम, अदरक, खटपट, कटहल, गरदन, खटमल, जबरन

वाक्य रचना

वाक्य – भावों और विचारों को प्रकट करने वाले व्यवस्थित शब्द-समूह को वाक्य कहते हैं। वाक्य के अंग रचना की दृष्टि से वाक्य के दो अंग होते हैं-

वाक्य के भेद

(1) उद्देश्य और

(2) विधेय।

उद्देश्य : वाक्य में जिसके विषय में बनाया जाता है, उसे 'उद्देश्य' कहते हैं। वाक्य का कर्ता और कर्ता का विस्तार उद्देश्य होते हैं।

जैसे- दादी जी पढ़ा रही हैं।

विधेय: वाक्य में उद्देश्य के विषय में जो कुछ बताया जाता है, उसे 'विधेय' कहते हैं। जैसे- ेकुत्ता भौंक रहा है। माली चला गया।

इन वाक्यों में भौंक रहा है, चला गया विधेय हैं।

उद्देश्य	विधेय
निर्धन बालिका	भूख से व्याकुल है।
हम	कल नागपुर जाएँगे।
कल्पना चावला	अंतरिक्ष-यात्रा पर गई थीं।

वाक्य के भेद- वाक्य के भेदों के दो आधार होते हैं-

(क) रचना के आधार पर।

(ख) अर्थ के आधार पर

(क) रचना के आधार पर वाक्य के भेद

रचना के आधार पर वाक्य तीन प्रकार के होते हैं -

1. सरल वाक्य (साधारण वाक्य)
2. संयुक्त वाक्य
3. मिश्र या मिश्रित वाक्य

- **सरल वाक्य -** जिस वाक्य में एक मुख्य क्रिया अथवा विधेय होता है, उसे सरल वाक्य कहते हैं।

(क) हमने लाल किला देखा।

(ख) माली पौधों को खींच रहा है।

(ग) बच्चा माँ की गोद में सो गया।

(घ) प्रधानमंत्री 15 अगस्त को लालकिले पर तिरंगा फहराएँगे।

इन वाक्यों में क्रमशः निम्नलिखित एक-एक क्रिया पद हैं-'देखा', 'खींच रहा है', 'सो गया', 'फहराएँगे'। इसलिए सभी वाक्य के उदाहरण हैं।

- **संयुक्त वाक्य-** जिस वाक्य में दो या दो से अधिक उपवाक्य स्वतंत्र रूप से समुच्चबोधक अव्यय या योजक के द्वारा जुड़े हों। ध्यान रहे कि संयुक्त वाक्य का प्रत्येक उपवाक्य स्वतंत्र होता है। जिसका अपना स्पष्ट अर्थ होता है और उसे समझने के लिए दूसरे उपवाक्य का सहारा नहीं लेना पड़ता। जैसे- सज्जन सबका भला चाहते हैं परंतु दुर्जन दूसरों को सदा दुख देते हैं। प्रस्तुत वाक्य दो उपवाक्यों से जुड़ा है जो निम्न प्रकार है-

(क) सज्जन सबका भला चाहते हैं।

(ख) दुर्जन दूसरों को सदा दुख देते हैं।

दोनों उपवाक्य स्वतंत्र रूप से पूर्ण अर्थ व्यक्त करते हैं। साथ ही दोनों उपवाक्य 'परंतु' योजक से जुड़े हुए हैं।

- **मिश्र वाक्य-** ऐसा वाक्य जिसमें एक प्रधान उपवाक्य और दूसरा आश्रित उपवाक्य होता है, 'मिश्र वाक्य' कहलाता है। जैसे- दादी जी न बताया कि वे कंप्यूटर पर काम कर रही थीं।

अध्यापिका ने पूछा कि कविता कौन सुनाएगा। इन वाक्यों में दादी जो ने बाताया, अध्यापिका ने पूछा प्रधान उपवाक्य हैं। वे कंप्यूटर पर काम कर रही थीं और कविता कौन सुनाएगा आश्रित उपवाक्य हैं। इसलिए ये मिश्र वाक्य हैं।

(ख) अर्थ के आधार पर - वाक्य एक भाषिक इकाई पढ़ने या सुनने से मन में जो भाव उत्पन्न होता है, उसे अर्थ कहते हैं। अर्थ के आधार पर वाक्य आठ प्रकार के होते हैं-

1. **विधानार्थक वाक्य (Assertive Sentence)-** जिस वाक्य से कार्य के करने या होने का बोध होता है, उसे विधानर्थक या विधान वाचक वाक्य कहते हैं। जैसे-

   (क) सूर्य पूर्व में उदय होता है।

   (ख) कल ज़ोर की वर्षा हुई।

2. **निषेधार्थक वाक्य (Negative Sentence)-** जिस वाक्य से किसी कार्य या बात के न होने का भाव प्रकट होता है, उसे निषेधार्थक या निषेध वाचक अथवा नकरात्मक वाक्य कहते हैं। इस प्रकार के वाक्य में 'नहीं', 'न' या 'मत' शब्द का प्रयोग होता है। जैसे-

   (क) जीव हिंसा नहीं करनी चाहिए।

   (ख) इस वर्ष मौसम में वर्षा नहीं हुई।

3. **प्रशनार्थक वाक्य (Interrogative Sentence)-** जिस वाक्या में किसी व्यक्ति, वस्तु, स्थान या कार्य के विषय में प्रश्न पूछा जाए, उसे प्रश्नार्थक या प्रश्नवाचक वाक्य कहते हैं। जैसे-

   (क) क्या तुमने अपना पाठ याद कर लिया ?

   (ख) निशा कहाँ जा रही है ?

4. **आज्ञार्थक वाक्य (Imperative Sentence)-** जिस वाक्य से आज्ञा, अनुमति, उपदेश, अनुरोध, आदि भाव का बोध हो उस आज्ञार्थक या आज्ञावाचक वाक्य कहते हैं। जैसे-

   (क) माता-पिता की आज्ञा का पालन करे।

(ख) कृपया मुझे मंदिर का रास्ता बताइए।

5. **इच्छार्थक वाक्य (Illative sentence)**- जिस वाक्य से वक्ता की इच्छा, आशा आशीर्वाद, शुभकामना आदि का भाव प्रकट हो, इच्छार्थक या इच्छा वाचक वाक्य कहते हैं। जैसे-

(क) भगवान तुम्हारा भला करे।

(ख) नया वर्ष मंगलमय हो।

6. **संकेतार्थक वाक्य (Conditional Sentence)**- जिस वाक्य में एक क्रिया का होना किसी दूसरी क्रिया के पूर्ण होने पर निर्भर हो उसे संकेतवाचक वाक्य कहते हैं। जैसे-

(क) यदि तुम मेहनत करते तो अवश्य पास होते।

(ख) अगर गृहकार्य पूरा हो जाए तो खेलेंगे।

7. **संदेहार्थक वाक्य (Indefinite Sentence)**- जिस वाक्य से कार्य सिद्धि की संभावना अथवा अनिश्चित स्थिति की सूचना हो, उसे संदेहार्थक या संदेहवाचक वाक्य कहते हैं। जैसे-

(क) शायद मानसी बीमार हो गई।

(ख) लगता है जोसेफ घर चला गया।

8. **विस्मयादिबोधक वाक्य (Exclamatory Sentence)**- जिस वाक्य से हर्ष, शोक, आश्चर्य, भय, घृणा आदि मन का भाव प्रकट हो, उसे विस्मादिबोधक या विस्मयादिवाचक वाक्य कहते हैं। जैसे-

(क) वाह! कितना सुंदर दृश्य है।

(ख) हाय! बेचारा छत से गिर पड़ा।

वाक्य-परिवर्तन

वाक्य-परिवर्तन की प्रक्रिया द्वारा एक प्रकार के वाक्य को दूसरे प्रकार के वाक्य में परिवर्तित किया जाता है किंतु इस प्रक्रिया में वाक्य के अर्थ परिवर्तन नहीं होना चाहिए।

वाक्य-परिवर्तन के कुछ उदाहरण

(क) साधारण वाक्यों का संयुक्त वाक्यों में परिवर्तन -

(अ) राम से मिलकर श्याम बहुत खुश हुआ। (साधारण वाक्य)

राम श्याम से मिला और बहुत खुश हुआ। (संयुक्तवाक्य)

(ब) बीमार होने के कारण मनोज यहाँ नहीं आया (साधारण वाक्य)

मनोज बीमार था, इसलिए यहाँ नहीं आया। (संयुक्त वाक्य)

(ख) साधारण वाक्यों का मिश्रित वाक्य में परिवर्तन -

(अ) रात को देर तक जागने से मेरे सिर में दर्द हो गया। (साधारण वाक्य)

रात को देर तक जागा इसलिए मेरे सिर में दर्द हो गया। (मिश्रित वाक्य)

(ग) मिश्रित वाक्यों का साधारण वाक्यों में परिवर्तन -

(अ) सज्जनों का सब आदर करते हैं। (साधारण वाक्य)

जो सज्जन होते हैं, उनका सब आदर करते हैं। (मिश्रित वाक्य)

(ब) पुलिस को देखते ही चोर भाग गए। (साधारण वाक्य)

ज्यों ही चोरों ने पुलिस को देखा त्योंही वे भाग गए। (मिश्रित वाक्य)

(घ) संयुक्त वाक्यों का मिश्रित वाक्यों में परिवर्तन-

(अ) अध्यापक कक्षा में आए और छात्र शांत हो गए। (संयुक्त वाक्य)

जब अध्यापक कक्षा में आए तो छात्र शांत हो गए। (मिश्रित वाक्य)

(ब) संचित निर्धन है परंतु स्वाभिमानी है। (संयुक्त वाक्य)

यद्यपि संचित निर्धन है तथापि स्वाभिमानी है। (मिश्रित वाक्य)

अर्थ के आधार पर वाक्य परिवर्तन :

(क) विधानर्थक वाक्य – छात्र पुस्तक पढ़ता है।

(ख) निषेधार्थक वाक्य – छात्र पुस्तक नहीं पढ़ता है।

(ग) प्रश्नार्थक वाक्य – क्या छात्र पुस्तक पढ़ता है ?

(घ) आज्ञार्थक वाक्य – छात्रो! पुस्तक पढ़ों

(ङ) इच्छार्थक वाक्य – छात्र पुस्तक पढ़ें।

(च) संकेतार्थक वाक्य – यदि छात्र पुस्तक पढ़ेगा तो पास होगा।

(छ) संदेहार्थक वाक्य – शायद छात्र पुस्तक पढ़ता है।

(ज) विस्मयादिबोधक वाक्य – वाह! छात्र पुस्तक पढ़ता है।

हिंदी भाषा में कुल 59 ध्वनियाँ स्वीकार की गई हैं। इस दृष्टि से हिंदी दुनिया की सर्वाधिक समृद्ध भाषाओं में एक है। विषय की सभी भाषाओं में प्रचलित प्रायः सभी ध्वनियाँ इसमें विद्यमान हैं।

हिन्दी की सभी ध्वनियों के पारस्परिक अंतर की जानकारी विशेष रूप से ष, स, श, ब, व, ढ, ड, ङ, क्ष, छ, ण तथा न की ध्वनियाँ।

अक्षर यानी अ+क्षर, अ-नहीं ,क्षर-क्षरण अर्थात जिसको खंडित नहीं किया जा सकता या जिसके टुकड़े नहीं किये जा सकते हैं और यह भी कहा जा सकता है कि जिसको नष्ट नहीं किया जा सके।

अक्षर वास्तव में ऐसे ध्वनि चिह्न हैं जिनको नष्ट नहीं किया जा सकता है।

भाषा का ज्ञान सबसे पहले अक्षर से ही होता है

अ, आ, इ,.......

क,ख, ग......ये सभी अक्षर हैं।

ध्वनि , वस्तुत हम अपनी वागेन्द्रियों द्वारा जो कुछ भी बोलते हैं वह ध्वनि है। ध्वनि भाषा की आधारशिला है। ध्वनि के बिना भाषा की कल्पना ही नहीं की जा सकती है।

किसी चीज को प्रस्तुत अथवा अभिव्यक्त करने के लिए सर्वप्रथम ध्वनि (आवाज) की आवश्यकता पड़ती है।

वर्ण - प्रायः अक्षर को ही वर्ण कहा जाता है। ध्वनि के लिखित रुप को वर्ण या अक्षर कहते हैं।

ध्वनि को बोला और सुना जाता है जबकि वर्ण लिखने, पढ़ने और बोलने में आते हैं।

हिन्दी भाषा की सभी ध्वनियों, वर्णों, अनुस्वार, अनुनासिक एवं चन्द्रबिन्दु में अन्तर।

अनुनासिक

अनुनासिक स्वरों के उच्चारण में मुँह से अधिक तथा नाक से बहुत कम साँस निकलती है। इन स्वरों पर चन्द्रबिन्दु (ँ) का प्रयोग होता है जो की शिरोरेखा के ऊपर लगता है। जैसे अनुनासिक की परिभाषा में बताया गया है कि जिन स्वरों का उच्चारण मुख और नासिका दोनों से किया जाता है, उन्हें अनुनासिक कहते हैं और इन स्वरों को लिखते समय उन पर चन्द्रबिन्दु (ँ) का प्रयोग किया जाता है।

अनुनासिक स्वरों के उच्चारण में मुख से अधिक और नाक से बहुत कम श्वास निकलती है। इन स्वरों पर चंद्रबिंदु अँ (ँ) का उपयोग होता है, जो शीर्षक के ऊपर लगता है। जैसे – माँ, आँख, गाँव इतियादी।

अनुनासिक के स्थान पर बिंदु का प्रयोग

जब शीर्षक के ऊपर स्वर की मात्रा लगी हो तब सुविधा के लिए चन्द्रबिन्दु (ँ) के स्थान पर बिंदु (ं) का उपयोग करते हैं। जैसे – बिंदु, मैं, गोंद इतियादी।

अनुनासिक शब्द के उदाहरण

उँड़ेल, बाँस, सँभाले, धँसकर, गाँव, मुँह, धुँधले, धुआँ, चाँद, काँप, मँहगाई, उँगली, काँच, बूँदें, रोएँ, कुआँ, चाँद, भाँति, जाऊँगा, ढूँढने, ऊँचे, पूँछ, काँच, झाँकते, अँधेर, माँ, फूँकना, भाँति, रँगी, अँगूठा, बूँदा-बाँदी, गाँव, आँखें, बाँधकर, पहुँच, बाँधकर, मियाँ, अजाँ, आँगन, कँप-कँपी, ठूँस, गूँथ, काँव-काँव, ऊँचाई, टाँग, पाँच, दाँते, साँस, दाँत, झाँका, मुँहजोर।

अनुस्वार

अनुस्वार की परिभाषा : अनु + स्वर के योग से अनुस्वार बनता है, जिसका अर्थ है कि यह स्वर के बाद आता है। शब्दों के भाव भी कई बार बदलते हैं।

अनुस्वार वह व्यंजन है जो स्वर के बाद आता है। इसकी आवाज नाक से निकलती है। हिंदी अनुनासिक शब्द में चंद्र बिंदु होती है। हिन्दी भाषा में बिन्दु अनुस्वार अं (ं) का प्रयोग भिन्न-भिन्न स्थानों पर होता है। हम जानेंगे कि अनुस्वार का प्रयोग कब और क्यों किया जाता है।

अनुस्वार (ं) का उपयोग पंचम वर्ण (ङ्, ञ्, ण्, न्, म् – ये पंचमाक्षर कहलाते हैं) के जगह पर किया जाता है। जैसे –

गड्.गा – गंगा

चञ्चल – चंचल

झण्डा – झंडा

गन्दा – गंदा

कम्पन – कंपन

अनुस्वार को पंचम वर्ण में बदलने का नियम :-

अनुस्वार के चिह्न के इस्तेमाल के बाद आने वाला वर्ण 'क' वर्ग, 'च' वर्ग, 'ट' वर्ग, 'त' वर्ग और 'प' वर्ग में से जिस वर्ग से जुड़े हुए होते हैं अनुस्वार उसी वर्ग के पंचम-वर्ण के लिए उपयोग होता है।

नियम :-

यदि पंचमाक्षर के बाद किसी अन्य वर्ग का अक्षर आता है तो अनुस्वार के रूप में पंचमाक्षर नहीं बदलेगा। जैसेकि – चिन्मय, वाड्.मय, उन्मुख, अन्य, आदि शब्द चिंमय, वांमय, उंमुख, अंय के रूप में नहीं लिखे गए हैं।

यदि पाँचवाँ वर्ण फिर से द्वैत के रूप में आता है, तो पाँचवाँ वर्ण अनुसार में नहीं बदलेगा। जैसे – अन्न, प्रसन्न, सम्मेलन आदि के अंन, प्रसंन, संमेलन रूप नहीं लिखे जाते हैं।

जिन शब्दों में य, र, ल, व, अनुस्वार के बाद आते हैं, वहां अनुस्वार अपने मूल रूप में रहता है। जैसे – अन्य, कन्हैया आदि।

यदि य , र .ल .व – (अंतस्थ व्यंजन) श, ष, स, ह – (ऊष्म व्यंजन) से पहले आने वाले अनुस्वार में बिंदु के रूप का ही उपयोग किया जाता है क्योंकि ये व्यंजन किसी वर्ग में शामिल नहीं हैं। जैसे – संशय, संयम आदि।

अनुस्वार शब्द के उदाहरण

अंकित, अंतरंग, बैंजनी, आशंका, बिंदु, पंक्ति, चकाचौंध, श्रृंगार, संसर्ग, वंचित, गंध, उपरांत, सौंदर्य, संस्कृति, बंद, बंधन , पतंग, संबंध, ज़िंदा, नंगा, अंदाज़ा, संभ्रांत, कैंप, अधिकांश, श्रृंखला, शूटिंग, हस्तांतरण, शांति, सींकें, अंधकार, गंदा, रौंदते, सींगो, खंभात, पंकज, कंठ, चिंतित, कौंधा, शंकु, काकभुशुंडी, संदेश, संधि, संपादन, सिद्धांत, पसंद, चिंतन, ढंग, संघर्ष, प्रारंभ, संचालक, ग्रंथकार, धुरंधर, संपन्न, कंधे, डंडा, त्योंही, उपरांत, संकल्प, संक्रमण, गुंजायमान, नींद, अत्यंत, क्रांति, इंद्रियों, कंप, खिंच, गुंजल्क, धौंकनी, अत्यंत, कुकिंग, सिलिंडर, लंबी, संपूर्ण, सुन्दर, रंगीन, तंबू, आनंद, निस्संकोच, फ़ेंक, संभावना, संश्लेषण, भयंकर, मंत्री, सौंप, संक्षिप्त, अंग्रेजी, प्रशंसक, चौंका, खिंच, नींव, परंतु, हंस, चंचल, बंद, बसंत, गंध, झुंड, ठंडक, पंजे, भयंकर, सायंकाल, आशंका, डेंग, संदर्भ, आतंक, तांडव।

चंद्र बिंदु

वैसे शब्द जिसका उचाहरण करते समय मुहं से साँस अधिक और नांक से कम निकलती हो उसे चिन्द्रबिंदु वाले शब्द या नुनासिक चिन्ह की मात्रा वाले शब्द कहा जाता है इस तरह के शब्द में हमेशा शब्द के ऊपर चन्द्र बिंदु (ँ) लगाया जाता है। उदाहरण : चाँद, लहँगा, आँधी, राँची, गाँधी आदि।

चंद्र बिंदु वाले शब्द जोड़ के रूप में

आइये पहले आज आपको अं की मात्रा वाले शब्द को जोड़ने के क्रम में समझने का प्रयास करते है जैसे, क + ं + ग + न = कंगन, श + ं + ख = शंख, म + ं + द = मंद, र + ं + ग = रंग आदि।

संयुक्ताक्षर एवं अनुनासिक ध्वनियों के प्रयोग से बने शब्द।

संयुक्ताक्षर

संयुक्त अक्षर वाले शब्द उनको कहा जाता है जब दो व्यंजनों को मिलाकर एक शब्द बनाया जाता है नए शब्द को ही संयुक्ताक्षर कहा जाता है। इन शब्दों को संयुक्ताक्षर वाले शब्द भी कहा जाता है। इन शब्दों के उदहारण कुछ इस प्रकार है – श्रम – श् + र + म, बच्चा – ब + च् + च आदि। संयुक्त अक्षर वाले शब्दों के तीन प्रकार होते है जो कुछ इस प्रकार है-

संयुक्त अक्षर

संयुक्त व्यंजन

द्वित्व व्यंजन

दूसरे शब्दों में - युक्त अक्षर शब्द उनको कहा जाता है। जब दो अलग अलग व्यंजनों के मेल से सक शब्द बनता है उसी को संयुक्त अक्षर कहते है। संयुक्त अक्षर में पहला व्यंजन स्वर से अलग रहता है और दूसरा शब्द हमेशा स्वर सहित होता है। संयुक्त अक्षरों को स्वतत्र शब्द नहीं माना जाता है ऐसा इसलिए है क्योंकि यह शब्द दो या दो से अधिक अक्षरों के मिलने से बनते है। संयुक्त अक्षर के कुछ उदहारण – द्य – विद्यालय ध्य – ध्येय न्य – न्याय, न्यूयॉर्क क्त – शक्ति, भक्ति, व्यक्तद्ध – शुद्धव्य – व्यवहार, व्यक्ति, व्यायामम्य – म्यान, सौम्य

परिभाषा

कई स्वरों को बोलने के लिए मुख और नासिका दोनों का प्रयोग करना पड़ता है या यह कह सकते हैं कि जिन स्वरों का उच्चारण मुख और नासिका दोनों से किया जाता है वे अनुनासिक कहलाते हैं। वर्णों के ऊपर चंद्रबिंदु (ँ) लगा कर anunasik स्वर लिखे जाते हैं।

अनुनासिक का प्रयोग

जिस प्रकार अनुनासिक की परिभाषा में बताया गया है कि जिन स्वरों का उच्चारण मुख और नासिका दोनों से किया जाता है, वे अनुनासिक कहलाते हैं और इन्हीं स्वरों को लिखते समय इनके ऊपर अनुनासिक के चिह्न चन्द्रबिन्दु (ँ) का प्रयोग किया जाता है।

यह ध्वनि (अनुनासिक) वास्तव में स्वरों का गुण होती है। अ, आ, उ, ऊ, तथा ऋ स्वर वाले शब्दों में अनुनासिक लगता है। जैसे – कुआँ, चाँद, अँधेरा आदि।

अनुनासिक के स्थान पर अनुस्वार (बिंदु) का प्रयोग

आप क्या यह सोच रहे हैं कि स्वरों में तो इ, ई, ए, ऐ, ओ और औ भी आते हैं तो anunasik इन स्वरों में क्यों प्रयुक्त नहीं होता? इसका एक कारण है कि जिन स्वरों में शिरोरेखा (शब्द के ऊपर खींची जाने वाली लाइन) के ऊपर मात्रा-चिह्न आते हैं, वहाँ अनुनासिक के लिए जगह की कमी के कारण अनुस्वार (बिंदु) लगाया जाता है। जैसे : नहीं, मैं, गोंद आदि। इन शब्दों में anunasik के लिए पर्याप्त स्थान नहीं है इसलिए इन सभी मात्राओं (इ, ई, ए, ऐ, ओ और औ) के साथ अनुनासिक (ँ) के स्थान पर अनुस्वार (ं) लगाया गया है। लेकिन क्या आपने यह नोटिस किया anunasik (ँ) के स्थान पर अनुस्वार (ं) का प्रयोग करने पर भी इन शब्दों के उच्चारण में किसी प्रकार का अंतर नहीं आया। लेकिन कई बार सिर्फ एक अनुस्वार या अनुनासिक से शब्द का अर्थ बिल्कुल बदल जाता है इसके बारे में आप आगे जानेंगे।

सभी प्रकार की मात्राएँ।

मात्रा की परिभाषा

जब स्वर, व्यंजन से मिलते है तो उनका स्वरुप बदल जाता है, इस बदले हुए स्वरुप को मात्रा कहते हैं। मात्रा, स्वर का ही रूप होता है और स्वरों की सहायता के बिना व्यंजनों नहीं बोला जा सकता है। वैसे तो स्वरों की संख्या 11 मानी गयी है, लेकिन मात्राएँ सिर्फ़ 10 स्वर की होती हैं, 'अ' अक्षर की कोई मात्रा नहीं होती है।

मात्रा के उदाहरण

स्वर	मात्रा	उदाहरण
अ	कोई मात्रा नही	कोई मात्रा नही
आ	ा	क + ा = का
इ	ि	क + ि = कि
ई	ी	क + ी = की
उ	ु	क + ु = कु
ऊ	ू	क + ू = कू
ऋ	ृ	क + ृ = कृ
ए	े	क + े = के
ऐ	ै	क + ै = कै
ओ	ो	क + ो = को
औ	ौ	क + ौ = कौ

विराम चिह्नों यथा – अल्प विराम, अर्द्धविराम, पूर्णविराम, प्रश्नवाचक विस्मयबोधक, चिह्नों का प्रयोग।

विराम चिन्ह

विराम चिन्ह को अंग्रेजी में Punctuation Marks कहते हैं। जिसका अर्थ है- ठहरना या रुकना। अर्थात भाषा के लिखित रूप में विराम या रुकने के लिए जिन संकेत चिन्हों का प्रयोग किया जाता है, उन्हें विराम चिन्ह कहते हैं। कामता प्रसाद गुरु ने लिखा है कि, "वाक्यों में शब्दों का परस्पर संबंध बताने तथा किसी विषय को भिन्न-भिन्न भागों में बाँटने और पढने में ठहरने के लिए, लेखों में जिन चिन्हों का उपयोग किया जाता है, उन्हें विराम चिन्ह कहते हैं।"[1] जैसे-

(क) उसे जगाओ मत, सोने दो।

(ख) तुम क्या कर रहे हो?

(ग) हे राम!

उपरोक्त वाक्यों में ठहराव के लिए अल्प विराम (,), पूर्ण विराम (।), प्रश्नवाचक चिन्ह (?) और विस्मयबोधक चिन्ह (!) का प्रयोग हुआ है।

विराम चिन्ह की आवश्यकता और महत्व

जब दो व्यक्ति आपस में बातचीत करते हैं तो सारा वाक्य एक साथ नहीं बोल जाते। बल्कि आवश्यकतानुसार उतार-चढ़ाव और भाव-भंगिमा के साथ अपनी बात रखते हैं। जहाँ उनका थोड़ा अभिप्राय पूरा हो जाता है, वहाँ थोड़ा-सा ठहर जाता है और जहाँ उसका आधा अभिप्राय पूरा हो जाता है, वहाँ वह कुछ अधिक ठहरता है। यदि उसका पूर्ण अभिप्राय पूरा हो जाता है, तो वहाँ वो पूरा ठहर जाता है।

इसी तरह उसे जहाँ शोक, हर्ष, विषाद या विस्मय आदि के भाव प्रगट करना होता है तो वह अपने हांथों, आँखों या मुख द्वारा अभिव्यक्त या संकेत करता है। या जहाँ प्रश्न करना होता है, वहाँ विशेष ढ़ंग से स्वर को ऊँचा-नीचा करता है। कहने का तात्पर्य यह है कि मनुष्य अपने विचार या भावनाओं को संप्रेषित करते समय शब्दों के अतिरिक्त अपने भाव-भंगिमा का भी सहारा लेता है। लेकिन यह लिखित भाषा में संभव नहीं है। इसीलिए लिखित भाषा में भी मौखिक भाषा की तरह लेखक के विचार

ठीक-ठीक अभिव्यक्त हो सकें, उसके लिए विशेष चिन्ह नियत किये गए हैं। जिन्हें विराम चिन्ह कहा जाता है। इनके बिना लिखित भाषा में लेखक के अभिप्राय ठीक से व्यक्त नहीं हो सकते। इसलिए विराम चिन्हों की आवश्यकता विश्व की सभी भाषाओं में पड़ती है। यदि इन चिन्हों का प्रयोग न किया जाए, तो भाव या विचार की स्पष्टता में रुकावट पैदा हो जाती है। चिह्न विराम के आवश्यकता को रेखांकित करते हुए वासुदेवनंदन प्रसाद ने लिखा है- "पाठक के भाव-बोध को सरल और सुबोध बनाने के लिए विरामचिन्हों का प्रयोग होता है।"[2] इससे वाक्य का गठन सुंदर और भावाभिव्यक्ति में स्पष्टता आती है, इसीलिए इसीलिए हिंदी व्याकरण में विराम चिन्हों को आवश्यक और उपयोगी माना गया है।

भाषा में लेखन की शुद्धता के लिए विराम चिन्हों का बहुत महत्व है। इनसे वक्ता या लेखक को अपने भावों या विचारों को स्पष्ट करने में आसानी होती है। इनके प्रयोग से अर्थ का अनर्थ नहीं होने पाता। साथ ही यदि विराम चिन्ह का वाक्य में सही से प्रयोग न किया जाए तो भी वाक्य अर्थहीन और अस्पष्ट या फिर एक दूसरे के विपरीत हो जाता है।

जैसे- लिखो मत पढो।

उपरोक्त वाक्य के दो अर्थ हो सकते हैं-

(क) लिखो, मत पढो।

(ख) लिखो मत, पढो।

इन दोनों वाक्यों के अर्थ एक-दूसरे के विपरीत हैं। ये अर्थ इस बात पर निर्भय कर्ता है की विराम चिन्ह (,) कहाँ लगा है, उसी से वाक्य के अर्थ का निर्धारण होगा। यदि विराम चिन्ह का उपयोग यहाँ न किया जाए तो पाठक को भ्रम उत्पन्न हो जाएगा।

विराम चिन्ह के नाम विराम चिन्ह

1. पूर्ण विराम चिन्ह ।

2. अल्प विराम चिन्ह ,

3. अर्द्ध विराम चिन्ह;

4. प्रश्नवाचक चिन्ह ?

5. विस्मयादिबोधक चिन्ह !

6. अवतरण या उदहारण चिन्ह " "

7. योजक या विभाजक चिन्ह –

8. निर्देशक चिन्ह —

9. अपूर्ण विराम चिन्ह :

10. विवरण चिन्ह :-

11. कोष्ठक चिन्ह () {} []

12. संक्षेप सूचक/लाघव चिन्ह ० या .

13. पदलोप चिन्ह ... या + x

14. समानता सूचक चिन्ह =

15. त्रुटिपूरक चिन्ह ^

16. दीर्घ उच्चारण चिन्ह S

17. पुनरुक्ति सूचक चिन्ह ,,

18. रेखांकन चिन्ह _

पूर्ण विराम चिन्ह (।)

पूर्ण विराम को अंग्रेजी में Full Stop कहा जाता है। पूर्ण विराम का अर्थ है, भली भांति रुकना या ठहरना। अर्थात जब वाक्य का आशय पूर्ण हो जाता है, तब वहाँ पूर्ण विराम लगता है। इसका प्रयोग निम्नलिखित स्थितियों में होता है—

(i) प्रश्नों और विस्मयबोधक वाक्यों को छोड़कर सभी सरल, संयुक्त और मिश्र वाक्यों के अंत में; जैसे - 'रीता खेलती है। बालक लिखता है। यह पुस्तक अच्छी है।'

उपरोक्त उदाहरण के प्रत्येक वाक्य एक दूसरे से अलग या स्वतंत्र हैं। सबके विचार अपने में पूर्ण हैं। इसीलिए सबके अंत में पूर्ण विराम लगा हुआ है।

(ii) किसी व्यक्ति या वस्तु का सजीव वर्णन करते समय वाक्यांशों के अंत में; जैसे—

(क) गोरा बदन।

(ख) चौड़ा छाती।

(ग) सिर के बाल न अधिक बड़े, न अधिक छोटे।

अल्प विराम चिन्ह (,)

अंग्रेजी शब्द Comma के अर्थ में अल्प विराम प्रयुक्त होता है। अल्प विराम का अर्थ है- थोड़ी देर के लिए रुकना या ठहरना। वाक्य में जिस स्थान पर बहुत ही कम ठहरना हो, वहाँ अल्प विराम लगाया जाता है। सामान्यत: अल्प विराम का प्रयोग निम्नलिखित स्थितियों में होता है—

(i) जहाँ एक तरह से कई पद, शब्द, वाक्यांश या वाक्य एक साथ आते हैं; जैसे—

(क) रमेश, सुरेश, महेश और वीरेन्द्र घूमने गए।

(ख) युधिष्ठिर, अर्जुन, भीम तीनों कुंती के पुत्र थे।

(ग) खाओ, पियो और मौज करो।

अर्द्ध विराम चिन्ह (;)

अर्द्ध विराम को अंग्रेजी में Semi Colon कहा जाता है। इसका का अर्थ है- आधा विराम। जहाँ पूर्ण विराम की तुलना में कम रुकना होता है, वहाँ अर्द्ध विराम का प्रयोग होता है। इसका प्रयोग निम्नलिखित स्थितियों में होता है—

(i) जहाँ संयुक्त वाक्यों के मुख्य उपवाक्यों में परस्पर विशेष संबंध नहीं होता, वहाँ अर्द्ध विराम द्वारा उन्हें अलग किया जाता है; जैसे - उसने अपने माल को बचाने के लिए अनेक उपाय किए; परन्तु वे सब निष्फल हुए।

(ii) समानाधिकार वाक्यों के मध्य में; जैसे - राम ऑफिस से सीधे घर पहुँचा; हाथ धोकर खाना खाया; फिर अमेजन प्राइम देखा और सो गया।

(iii) अनेक उपाधियों को एक साथ लिखने में, उनमें अलग-अलग अर्थ प्रकट करने के लिए अर्द्ध विराम का प्रयोग किया जाता है; जैसे - डॉ. संदीप यादव, एम.ए.; पी.एच.डी.।

(iv) मिश्र वाक्यों में प्रधान वाक्य के साथ अलग अर्थ प्रकट करने के लिए; जैसे - जब मेरे पास रूपये होंगे; तब मैं आपकी सहायता करूँगा।

(v) मिश्र वाक्यों और संयुक्त वाक्यों में विरोधपूर्ण कथन अथवा विपरीत अर्थ प्रकट करने वाले उपवाक्यों के बीच में; जैसे—

(क) जो उसे गालियाँ देते हैं; वह उन्हें भी प्यार करता है।

(ख) वह माफी माँगता रहा; लोग उसे पीटते रहे।

(vi) नियम के पश्चात् आने वाले उदाहरणसूचक शब्द 'जैसे' शब्द के पहले; जैसे - वाक्य के अंत में पूर्ण विराम लगाते हैं; जैसे- वह गीत गाता है।

(vii) मिश्र वाक्य में प्रधान उपवाक्य तथा कारण वाचक क्रिया-विशेषण उपवाक्य के बीच में; जैसे— तुम्हारे दबाव से एक व्यक्ति भी नहीं टूट सकता; क्योंकि तुम्हारा पक्ष असत्य पर टिका है।

प्रश्नवाचक चिन्ह (?)

प्रश्नवाचक चिन्ह को अंग्रेजी में Question Mark कहा जाता है। जिन वाक्यों में प्रश्नात्मक भाव हो, उसके अन्त में प्रश्नवाचक चिह्न (?) लगाया जाता है। प्रश्नवाचक चिह्न का प्रयोग निम्नलिखित अवस्थाओं में होता है -

(i) प्रश्नवाचक वाक्यों (क्या, कहाँ, कब, कैसे, क्यों) के अंत में; जैसे—

(क) तुम्हारा क्या नाम है?

(ख) तुम कब आओगे?

(ग) क्या आप गया से आ रहे हैं?

(ii) अनिश्चय अथवा संदेह प्रकट होने की स्थिति में; जैसे—

(क) क्या कहा, वह धनवान (?) है।

(ख) आप शायद मध्य प्रदेश के रहने वाले हैं?

(iii) व्यंग्यात्मक भाव प्रकट करने के लिए; जैसे—

(क) भ्रष्टाचार इस सदी का सबसे बड़ा शिष्टाचार है, है न?

(ख) भाई तुम्हारे तो जलवे हैं (?)

(iv) प्रश्नवाचक चिह्न सीधे वाले प्रश्नवाचक वाक्यों के अंत में लगता है, अप्रत्यक्ष कथन वालों में नहीं। क्योंकि इनमें उत्तर की अपेक्षा नहीं रहती; जैसे-

(क) मैं यह नहीं जानता कि मैं क्या चाहता हूँ।

(ख) उसने पूछा कि वह कहाँ है।

विस्मयादिबोधक चिन्ह (!)

विस्मयादिबोधक चिन्ह के लिए अंग्रेजी में Interjection शब्द प्रचलित है। आश्चर्य, करुणा, घृणा, भय, विषाद, हर्ष, विस्मय आदि भावों को व्यक्त करने के लिए विस्मयादिबोधक चिह्न (!) का प्रयोग किया जाता है। विस्मयादिबोधक चिह्न का प्रयोग निम्नलिखित स्थितियों में होता है—

(i) विस्मयादिबोधक चिह्न का प्रयोग हर्ष, घृणा, आश्चर्य आदि मनोविकारों को व्यक्त करने के लिए वाक्य के अंत में प्रयुक्त होता है; जैसे—

(क) अरे! वह पास हो गया।

(ख) वाह! तुम धन्य हो।

(ii) विनय, व्यंग्य, उपहास, आदर आदि को व्यक्त करने वाले वाक्यों के अन्त में पूर्ण विराम के स्थान पर इसी चिह्न का प्रयोग होता है; जैसे—

(क) आप तो! हरिश्चंद्र हैं। (व्यंग्य)

(ख) हे भगवान! दया करो। (विनय)

(ग) वाह! वाह! फिर साइकिल चलाइए। (उपहास)

(घ) आपका स्वागत है! (स्वागत)

(iii) सम्बोधन शब्दों के बाद विस्मयादिबोधक चिह्न का प्रयोग होता है; जैसे—

(क) मित्रों! बोला था की नहीं बोला था?

(ख) भाइयों और बहनों! मैं आपके लिए सन्देश लाया हूँ।

(iv) हँसी-ख़ुशी और मनोवेग जहाँ प्रदर्शित होता है, वहाँ विस्मयवाचक चिह्न का प्रयोग किया जाता है; जैसे -

(क) एक या दो दिन का शोक! महाशोक!! घोषित किया गया।

(ख) तुम्हारी जीत होकर रही, शाबाश!

विलोम, समानार्थी, तुकान्त, अतुकान्त, समान ध्वनियों वाले शब्द।

विलोम शब्द

विलोम शब्द का अर्थ होता है उल्टा। किसी भी शब्द का विपरीत या उल्टा अर्थ देने वाले शब्द विलोम शब्द कहलाते है। विलोम शब्दों को अंग्रेजी में Antonyms भी कहा जाता है।

उदाहरण के लिए उपसर्ग से बनने वाले विलोम शब्द - आस्था-अनास्था, चल-अचल, ज्ञान-अज्ञान, मान-अपमान, शगुन-अपशगुन, लिंग परिवर्तन से बनने वाले Antonyms Words जैसे- गाय-बैल, राजा-रानी, भाई-बहन, लड़का-लड़का, जो शब्द उपसर्ग की तरह प्रयोग होते हैं उनसे बनने वाले Opposite Words – लघुकाय-विशालकाय, राजतंत्र-गणतंत्र, एकतंत्र-बहुतंत्र और विपरीत जाति के शब्दों से बनने वाले विलोम शब्द – न्यूनतम-अधिकतम, गुलाम-आजाद, मीठा-कड़वा, आदि।

शब्द	विलोम
नूतन	पुरातन
रक्षक	भक्षक
लिखित	मौखिक
विधि	निषेध
ईश्वर	अनीश्वर
सगुण	निर्गुण
शीत	उष्ण
क्रय	विक्रय
देशी	विदेशी
वरदान	अभिशाप
शोक	हर्ष
साक्षर	निरक्षर
इच्छा	अनिच्छा
अक्रुर	क्रूर
नित्य	अनित्य
अग्रिम	अन्तिम

निर्जल	अजल
ग्रहण	अर्पण
उपेक्षा	अपेक्षा
सनाथ	अनाथ
उन्नत	अवनत
आदर	अनादर
अतिवृष्टि	अनावृष्टि
अभिज्ञ	अनभिज्ञ

समानार्थी शब्द

"वे शब्द जिनका अर्थ एक समान होता हैं समानार्थी शब्द कहलाते हैं समानार्थी शब्द को हम पर्यायवाची शब्द भी कहते है।" "पर्याय' का अर्थ है समान तथा 'वाची' का अर्थ है बोले जाने वाले मतलब सामान बोले जाने वाले शब्दों को हम पर्यायवाची शब्द या समानार्थी शब्द कहते है।

समानार्थी शब्द के उदाहरण

- सोना:- चमक स्वर्ण , सुवर्ण , कंचन , कनक , हिरण्य , पिलपढार्थ, हाटक , जातरुप, और इत्यादि।
- घोड़ा:- बाजि, अशव , धावक, पावक, हय, तुरंग, सौधव, तुरंग, घोटक, और इत्यादि।
- नरक:- कुंभीपाक, रौरव , यमालय , यमपुरी , यमलोक , सजलोक, और इत्यादि।
- अमृत:- जीवनमृत, सुधा , पियूष , सोम, , अमिय आदि।
- तालाब:- तड़ाग, सर, सरोवर, ह्द, जलाशय, सरणि, पुष्कर आदि।
- होशियार :- कुशल, योग्य, होशियार, सयाना, निपुण, दक्ष, प्रवीण, नागर और इत्यादि।
- अतुल:- वीथुल, अदुतीय , अतुलनीय , अनुपम, और इत्यादि।
- पुष्प:- सुमन, पंखुड़ी खिलित, कुसुम, फूल, और इत्यादि।
- प्रसन्नता:- उल्लास, मोद, खुशी, हर्ष, ठहाका, और इत्यादि ।
- नदी:- तरंगिनि , तटनी , सरिता , निम्नगा, प्रवाहिनी , आपगा, और इत्यादि।
- कामिनी :- ,महिला , अबला, ललना, स्त्री, नारी, और इत्यादि।
- वायु:- वाहिनी, झोंका, हवा, अनिल, समीर, पवन, इत्यादि।
- जमुना:- कालिंदी, कृष्णा, यमुना, तरणीजा, रवीनंदनी, रविसुता, और इत्यादि।
- पतंग :- नोखा, गांव, जलयान, तारिणी, इत्यादि।
- पत्थर:- शीला, वज्र, वाहन, कठोर, विशाल, इत्यादि।

तुकांत शब्द

समान तुक वाले शब्द। वे शब्द जिनके अंत में समान तुक वाले शब्द हो अर्थात् एक समान लय वाले शब्द हो। जिन शब्दों का अंत वाला अक्षर समान होता है उन्हें तुकांत शब्द कहते है। जैसे- ''राजा-ताजा'' इसमें 'जा' शब्द तुकांत शब्द है। इन शब्दों से कविता का आनंद बढ़ जाता है। कविता भूलने की स्थिति में तुकांत के आधार पर कविता तुरंत याद आ जाती है। समान तुकबंदी वाले शब्द का अर्थ ऐसे शब्द से भी है जो सुनने में एक जैसे हैं और जिनके अंतिम वर्ण भी एक समान हैं उन्हें समान ध्वनि वाले शब्द कहते हैं। समान ध्वनि वाले शब्द दो का प्रयोग कविताओं में किया जाता है। जिससे कविताओं में अलग निखार और लय पैदा होता है। जिससे इसे पढ़ने में भी रोमांच आता है।
समान तुक वाले शब्द Rhyming Words भी कहे जाते हैं।

तुकांत शब्द के उदाहरण

- दाना - नाना,
- खाना - पाना
- राजा - बाजा, ताजा
- सितार - गिटार, विचार, विकार
- फूल - भूल, धूल, शूल
- चंदन - नंदन, वंदन
- कच्चा - बच्चा, सच्चा
- जाल - थाल, माल, साल
- झोली - बोली, गोली
- मटका - लटका, झटका, अटका
- रानी - पानी, नानी
- कैसा - जैसा, वैसा, पैसा
- शोर - मोर, भौर, जोर

अतुकांत शब्द

ये शब्द बिना तुक के होते है। इन शब्दों से बनी कविता में ध्वनियाँ परवर्तित होती रहती है। कविता लयबद्ध नहीं होती है। जैसे-

''निकले हुये हैं

भयावह सर्पों के समूह

तफरीह के लिये ऐसे में

कंघी, पाउडर, लिपस्टिक रखो न रखो

सतर्क, सशक्त, सुदृढ़,साहस.........

जरूर रख लेना पर्स में

घर से निकलते हुए...

मान ध्वनि वाले शब्द :

1. जल : नल
2. घर : नर
3. जग : मग
4. धन : मन
5. सर : पर

संज्ञा, सर्वनाम, क्रिया एवं विशेषण के भेद।

संज्ञा (Noun)

किसी व्यक्ति, स्थान, वस्तु एवं भाव के नाम को संज्ञा कहते हैं। जैसे- बालक, नगर, कुर्सी सुंदरता, मोहन, भोपाल आदि।

संज्ञा के मुख्यत: पांच भेद मुख्य होते हैं -

(i) व्यक्तिवाचक संज्ञा

(ii) जातिवाचक संज्ञा

(iii) भाववाचक संज्ञा

(iv) द्रव्यवाचक संज्ञा

(v) समूहवाचक संज्ञा

1. व्यक्तिवाचक संज्ञा

जिस शब्द से किसी विशेष व्यक्ति , वस्तु या स्थान के नाम का बोध हो उसे व्यक्तिवाचक संज्ञा कहते हैं।

व्यक्ति का नाम: संध्या, धर्मेश, सुरेश, सचिन आदि।

वस्तु का नाम: गीता, रामायण, कार, घर आदि।

स्थान का नाम: कच्छ, गुजरात, मुंबई, दिल्ली आदि।

दिशाओं के नाम: उत्तर, पश्चिम, पूर्व, दक्षिण

नदियों के नाम: गंगा, जमुना, सरस्वती, कावेरी , नर्मदा आदि।

2. जातिवाचक संज्ञा

जिस शब्द से एक जाति के सभी प्राणियों अथवा वस्तुओं का बोध हो उसे जातिवाचक संज्ञा कहते हैं। जैसे- बच्चा ,जानवर, नदी, अध्यापक, बाजार, पहाड़, खिड़की आदि शब्द एक ही प्रकार प्राणी वस्तु और स्थान का बोध करा रहे हैं, इसलिए यह जातिवाचक संज्ञा है। जैसे -

- बच्चे खिलौनों से खेल रहे हैं।

- पेड़ों पर पक्षी बैठे हैं।
- हिरण का शेर शिकार करते हैं।
- सड़क पर गाड़ियाँ चलती हैं।

3. भाववाचक संज्ञा

जिन शब्दों से किसी प्राणी या पदार्थ के गुण भाव स्वभाव के अवस्था का बोध होता है, उन्हें भाववाचक संज्ञा कहते हैं। मिठास, बुढ़ापा, गरीबी, आजादी, साहस, वीरता, आदि शब्द भाव पूर्ण अवस्था तथा क्रिया के व्यापार का बोध करा रहे हैं इसलिए भाववाचक संज्ञा है।

- उत्साह मन का भाव है।
- ईमानदारी से गुण का बोध होता है।
- बचपन जीवनी एक अवस्था या दशा का बताता है।

4. द्रव्यवाचक संज्ञा

ऐसे शब्द जो किसी द्रव्य, ठोस, तरल, धातु, अधातु, पदार्थ आदि का बोध कराते हैं उनको द्रव्यवाचक संज्ञा कहा जाता है। द्रव्यवाचक संज्ञा की गिनती नहीं कि जा सकती है। इनकी मैप किलो अथवा लीटर के द्वारा की जा सकती है। जैसे – गैस, दूध, पानी, सोना, चांदी, तेल, गुड़, चीनी, फल, घी, सब्जी इत्यादि।

5. समूहवाचक संज्ञा

ऐसे शब्द जिनसे किसी व्यक्ति या वस्तु के समूह होने का बोध होता हो उनको समूहवाचक संज्ञा कहते हैं। सामान्य शब्दों में कहे तो समूहवाचक संज्ञा किसी व्यक्ति या वस्तु के समूह का बोध कराती है। समूहवाचक संज्ञा को समुदाय वाचक संज्ञा भी कहा जाता है। जैसे – मेला, झुंड, परिवार, सेना, दल, कक्षा, भीड़, गुच्छा, पुस्तकालय, टीम, दर्जन, गिरोह इत्यादि

सर्वनाम (Pronoun)

वे शब्द सर्वनाम कहलाते हैं, जिन्हें संज्ञा के स्थान पर प्रयोग किया जाता है। जैसे- पिताजी ने राजू से कहा कि तुम अपनी कमीज क्यों नहीं पहनते?

यहां तुम सर्वनाम है क्योंकि इसका प्रयोग राजू के स्थान पर हुआ है।

सर्वनाम के भेद

1. पुरुषवाचक सर्वनाम

जो सर्वनाम जो उत्तम पुरुष (बोलने वाले), मध्यम पुरुष (सुनने वाले) और अन्य पुरुष (जिसके बारे में बात की जाये) के लिए आता है, उसे पुरुषवाचक सर्वनाम कहते हैं। जैसे : उसने, वह, मैं, तुम, उस आदि। उदाहरण : मुझे पता था कि कल तुम घर जाओगी।

2. निश्चयवाचक सर्वनाम

जिस सर्वनाम में पास या दूर किसी व्यक्ति या वस्तु की ओर संकेत का बोध हो वह निश्चयवाचक सर्वनाम कहलाता है। क्योंकि ये संकेत करता है इसलिए इसे संकेतवाचक सर्वनाम भी कहते हैं। जैसे-

यह मेरी पेंसिल है।

यह मीना की ड्रेस है, वह सीता की ड्रेस है।

वह घर बहुत दूर है।

3. अनिश्चयवाचक सर्वनाम

जिस सर्वनाम से किसी निश्चित व्यक्ति या पदार्थ का बोध नहीं होता हो उसे अनिश्चयवाचक सर्वनाम कहते हैं। जैसे -

बाहर कोई है।

मुझे कुछ नहीं मिला।

किसी ने मुझे फोन किया पता नहीं कौन था।

कोई दरवाजा बजाकर चला गया।

4. संबंधवाचक सर्वनाम

संज्ञा के स्थान पर आने वाले जिन दो सर्वनाम शब्दों से संबंध का भाव प्रकट होता है उसे संबंधवाचक सर्वनाम कहते हैं। जैसे -

तुमनें जो कार मांगी थी, यह वही कार है।

तुम जो बोलोगे मैं वैसा ही करूँगा।

5. प्रश्नवाचक सर्वनाम

जिन सर्वनाम शब्दों से किसी प्रश्न का बोध होता है उसे उसे प्रश्नवाचक सर्वनाम कहते हैं। जैसे -

तुम कौन हो?

तुम्हें क्या चाहिए?

तुम यहां कब आयी?

वहां कौन गिरा था?

यहां क्या रखा है?

6. **निजवाचक सर्वनाम**

   जो सर्वनाम तीनों पुरुष (उत्तम, मध्यम और अन्य) में अपना होने की अवस्था या भाव या अपनापन; निजता का वह निजवाचक सर्वनाम कहलाते हैं। जैसे:

   आप अपना काम खुद कर लेना।

   मैं अकेला ही कार साफ़ कर लूंगा।

   वह स्वयं स्कूटी से स्कूल चली जाती है।

क्रिया (Verb)

जो शब्द किसी काम का करना या होना बताते हैं, उन्हें क्रिया कहते हैं, जैसे नरेश पत्र लिखता है। वर्षा हो रही है। इन वाक्यों में 'लिखता है', 'हो रही है' शब्द क्रियाएं हैं।

क्रिया के भेद

1. **सकर्मक**
2. **अकर्मक**

1. सकर्मक क्रिया

'सकर्मक क्रिया' उसे कहते हैं, जिसका कर्म हो या जिसके साथ कर्म की संभावना हो, अर्थात जिस क्रिया के व्यापार का संचालन तो कर्ता से हो, पर जिसका फल या प्रभाव किसी दूसरे व्यक्ति या वस्तु, अर्थात कर्म पर पड़े। उदाहरणार्थ- श्याम आम खाता है। इस वाक्य में 'श्याम' कर्ता है, 'खाने' के साथ उसका कर्तृरूप से संबंध है।

2. अकर्मक क्रिया

जिन क्रियाओं का व्यापार और फल कर्ता पर हो, वे 'अकर्मक क्रिया' कहलाती हैं। अकर्मक क्रियाओं का कर्म नहीं होता, क्रिया का व्यापार और फल दूसरे पर न पङकर कर्ता पर पड़ता है। उदाहरण के लिए- श्याम सोता है। इसमें 'सोना' क्रिया अकर्मक है। 'श्याम' कर्ता है, 'सोने' की क्रिया उसी के द्वारा पूरी होती है। अतः, सोने का फल भी उसी पर पङता है। इसलिए, 'सोना' क्रिया अकर्मक है।

विशेषण (Adjective)

संज्ञा अथवा सर्वनाम की विशेषता प्रकट करने वाले शब्द विशेषण कहलाते हैं। विशेष - विशेषण द्वारा जिस संज्ञा या सर्वनाम की विशेषता प्रकट की जाती है, उसे विशेष्य कहते हैं। जैसे- पीला कपड़ा ,मोटा लड़का, पांच पंच। इन उदाहरणों में पीला, मोटा, और पंच विशेषण है तथा कपड़ा, लड़का और पंच विशेष्य है।

विशेषण के चार भेद होते हैं -

1. गुणवाचक विशेषण
2. संख्यावाचक विशेषण
3. परिणामवाचक विशेषण
4. संकेतवाचक विशेषण

गुणवाचक विशेषण

जो शब्द किसी संज्ञा या सर्वनाम के दशा, भाव, गुण, आकार, दोष, रंग, स्थान आदि की विशेषता बताते हैं, उन्हें गुणवाचक विशेषण कहते है। उदहारण के लिए – सफ़ेद गाय, गोरा चेहरा, बुरा व्यक्ति आदि।

संख्यावाचक विशेषण

जिस विशेषण से किसी संख्या का बोध हो उसे संख्यावाचक विशेषण कहते हैं। उदहारण के लिए – कक्षा में 500 विद्यार्थी हैं।

परिणामवाचक विशेषण

जिस शब्द से किसी वस्तु की नाप-तौल का बोध हो, उसे परिमाणवाचक विशेषण कहते हैं। उदाहारण के लिए – मुझे 2 लीटर दूध की आवश्यकता है।

संकेतवाचक विशेषण

जो शब्द किसी संज्ञा के पहले जुड़कर उसकी तरफ संकेत करते हैं, उसे सार्वनामिक या संकेतवाचक विशेषण कहते हैं। उदहारण के लिए – मेरी कलम, तुम्हारी गाड़ी आदि।

वचन, लिंग एवं काल

वचन

हिंदी भाषा की व्याकरण जिसमे हम संज्ञा, सर्वनाम, क्रिया एवं विशेषण जैसे संबंध श्रृंखला में पढ़ने हैं। जो इनकी संख्या अनुमान लगाने में सूचना प्रदान करे, वह वचन है। (एक, दो, इत्यादि)। संज्ञा या सर्वनाम के वह रूप जिसके तहत एक या अनेक जैसे बोध दर्शाया जाए, उसे वचन कहते हैं। हिंदी भाषा के अतिरिक्त भी कई भाषाओं में वचन दो तरह के ही होते है। एकवचन ब बहुवचन, लेकिन संस्कृत तथा कुछ और भाषाओं में द्वि वचन भी स्पष्ट रूप में विद्यमान है।

उदाहरण: (1) जंगल में जानवरों को झुंड हैं। (2) महिलाएं भजन गा रही हैं। (3) डाली पर तीन तोते बैठे हैं। (4) बाघ दौड़ रहा है।

वचन के प्रकार

हिन्दी में वचन दो तरह के प्रकार हैं-

1. एकवचन,

2. बहुवचन

1. एकवचन

"जिन शब्द, वाक्यों में, संज्ञा में, जिस रूप से एक ही वस्तु का बोध होता है, वह एकवचन है।"

जैसे कि :– माता, माला, लड़का, गाय, सिपाही, पुस्तक, स्त्री, टोपी, बच्चा, कपड़ा, बंदर, मोर।

उदाहरण: संजय ने पेन खरीदा।,

श्वेता ने केला खाया।

2. बहुवचन

"जिन शब्द, वाक्यों से, संज्ञा से, जिस रूप से अनेकता का बोध होता हैं, वहा बहुवचन होता हैं।"

जैसे कि :–माताएँ, पुस्तकें, स्त्रियाँ, लताएँ, लड़के, वधुएँ, गुरुजन, रोटियाँ, गायें, कपड़े, टोपियाँ, मालाएँ, बेटे।

उदाहरण: बॉक्स में बहुत रंग में धागे हैं।,

मैने दो संतरे खाएं।

लिंग

जिस चिन्ह से या शब्द से, यह ज्ञान मिले, कि अमुक शब्द पुरुष जाति का है या स्त्री जाति का है, उस चिन्ह या शब्द को लिंग कहते हैं। अन्य शब्द के जिस रूप से किसी व्यक्ति, वस्तु आदि के पुरुष जाति या स्त्री जाति के होने का तात्पर्य मिले, उसे लिंग कहते हैं। जैसे; नर बाज, बाज, शेर, शेरनी, कोयल, लड़का, लड़की आदि। ऊपर के उदाहरण में नर बाज, शेर और लड़का पुल्लिंग तथा बाज, शेरनी और कोयल लड़की स्त्रीलिंग हैं।

लिंग के भेद / प्रकार

लिंग के यह दो प्रकार होते हैजेड

1. पुल्लिंग

2. स्त्रीलिंग

1. पुल्लिंग

जिन संज्ञा शब्दों से पुरुष जाति होने का ज्ञान हो या तात्पर्य मिले, उन्हें पुल्लिंग कहते हैं।

जैसे :- सुअर, गधा, बैल, ऊंट, बाघ, पेड़, बालक, युवक आदि।

2. स्त्रीलिंग

जिन संज्ञा शब्दों से स्त्री जाति का ज्ञान हो अथवा जो शब्द स्त्री जाति के अंतर्गत या इसका तात्पर्य दिखाए, उन्हें स्त्रीलिंग कहते हैं । जैसे :- लड़की, घड़ी, नारी, छड़ी, युवती, गाय, कुर्सी आदि।

काल

क्रिया के जिस रूप में कार्य करने या होने के समय का ज्ञान होता है, उसे kaal in Hindi कहा जाता है। क्रिया के उस रूपांतर को काल कहा जाता है जिससे उसके कार्य व्यापार का समय और उसके

पूर्ण अथवा अपूर्ण आस्था का बोध होता हो। दूसरे शब्दों में कहा जाए तो काल का अर्थ होता है 'समय'। जैसे -

टीना पढ़ाई कर रही है।

मोनिका ने अच्छा चित्र बनाया था।

मुकुल मित्रों के साथ अमृतसर जाएगा।

काल के तीन भेद हैं:

1. वर्तमान काल
2. भूतकाल
3. भविष्य काल

वर्तमान काल

क्रिया का वह रूप है जिससे कार्य के वर्तमान समय में होने का पता चले उसे वर्तमान काल कहते हैं। निम्नलिखित काल के उदाहरण दिए गए हैं:

- आनंद सो रहा है।
- मैं पढ़ रहा हूं।
- तुम क्या लिख रही हो?

भूतकाल

क्रिया का वह रूप जिससे कार्य के बीते हुए समय का पूरा होने का पता चले उसे भूतकाल कहते हैं। जिससे क्रिया के कार्य को समाप्ति होने का हमें बोध होता हो वह क्रिया भूतकाल की कहलाती है। उदाहरण:

- वह खा चुका था।
- मैंने पुस्तक पढ़ ली थी।
- मैं घूमने गया था।
- गाड़ी जा चुकी थी।
- रमेश पटना गया था।

भविष्य काल

क्रिया का वह रूप जिससे कार्य का भविष्य में होने का पता चले उसे भविष्य काल कहते हैं। क्रिया के जिस रुप से काम का आने वाले समय के के बारे में पता चलता हो वह भविष्य काल की क्रिया कहलाती है। उदाहरण:

- वह कल घर जाएगा।
- मैं समय पर काम पूरा कर लूंगा।
- चिंटू कल कसौली जाएगा।

प्रत्यय, उपसर्ग, तत्सम, तद्भव, व देशज शब्दों की पहचान एवं उनमें अन्तर।

प्रत्यय

ऐसे शब्द जिनका स्वतंत्र अस्तित्व नहीं होता लेकिन वे दुसरे शब्द के बाद लगकर उनका अर्थ बदल देते हैं, वे प्रत्यय कहलाते हैं। कभी कभी प्रत्यय लगाने से अर्थ में कोई बदलाव नहीं होता है।

उदाहरण : भूल + अक्कड़ :भुलक्कड़

ऊपर दिए जैसा की आप देख सकते हैं पहले शब्द था भूल जिसका मतलब था भूलना लेकिन अक्कड़ प्रत्यय लगने के बाद शब्द बन गया भुलक्कड़ जिसका मतलब हुआ वह व्यक्ति जो भूल करता है।

प्रत्यय के भेद :

प्रत्यय दो प्रकार के होते हैं:

1. कृत प्रत्यय
2. तद्धित प्रत्यय

1. कृत प्रत्यय :

ऐसे प्रत्यय जो क्रिया धातु रूप के बाद लगते हैं एवं लगने से दुसरे शब्दों की रचना हो जाती है। इन प्रत्ययों के योग से जो शब्द बनते हैं वे कृदंत प्रत्यय कहलाते हैं।

कृत प्रत्यय के उदाहरण:

तैर + आक :तैराक

भाग + ओडा : भगोड़ा

आक = तैराक , लडाक

आलू = झगड़ालू

आकू = लड़ाकू , कृपालु , दयालु

आड़ी = खिलाडी , अगाड़ी , अनाड़ी

इअल = अडियल , मरियल , सडियल

एरा = लुटेरा , बसेरा

ऐया = गवैया , नचैया

ओडा = भगोड़ा

वाला = पढनेवाला , लिखनेवाला , रखवाला

उपसर्ग

समीप आकर नया शब्द बनाना। अर्थात यह किसी शब्द साथ लगकर नया शब्द बनाता है। उपसर्ग लगने के बाद शब्द का अर्थ बदल जाता है। उदाहरण : अ + भाव : अभाव

ऊपर दिए गए उदाहरण में आप देख सकते हैं पहले भाव शब्द बिना उपसर्ग के उसका मतलब था भावना लेकिन जब उपसर्ग लगाया गया तो उसका मतलब हो गया कमी। उपसर्ग लगने के बाद उसका मतलब बदल गया है।

उपसर्ग के भेद :

उपसर्ग के मुख्यतः पांच भेद होते हैं :

1. संस्कृत के उपसर्ग
2. हिंदी के उपसर्ग
3. उर्दू और फ़ारसी के उपसर्ग
4. अंग्रेजी के उपसर्ग
5. उपसर्ग की तरह प्रयुक्त होने वाले संस्कृत के अव्यय

अति उपसर्ग - अति का अर्थ होता है ज़्यादा या अधिक।
उदाहरण : अतीन्द्रिय , अत्युक्ति , अत्युत्तम , अत्यावश्यक , अतीव , अतिकाल , अतिरेक, अत्यधिक, अत्यल्प, अतिक्रमण, अतिवृष्टि, अतिशीघ्र, अत्याचार आदि।

अनु उपसर्ग - अनु का अर्थ होता है बाद में या क्रम में।
उदाहरण : अनुरूप , अनुपात , अनुचर , अनुकरण , अनुसार , अनुशासन, अनुक्रमांक , अनुकंपा , अनुज,अनुशंसा , अन्वय , अन्वीक्षण , अन्वेषण , अनुच्छेद , अनूदित, अनुवाद , अनुस्वार , अनुशीलन, अनुकूल , अनुक्रम , अनुभव आदि।

अ उपसर्ग - अ का अर्थ होता है अभाव , अन , निषेध , नहीं , विपरीत।
उदाहरण : अथाह , अनाचार , अलौकिक , अस्वीकार , अन्याय , अशोक , अहिंसा , अवगुण , अर्जित, अधर , अपलक , अटल , अमर , अचल , अनाथ , अविश्वास , अधर्म, अचेतन , अज्ञान , अलग , अनजान , अनमोल , अनेक , अनिष्ट , आदि।

अप उपसर्ग - अप का अर्थ होता है बुरा , अभाव , विपरीत , हीनता या छोटा।
उदाहरण : अपव्यय , अपवाद , अपकर्ष , अपहरण , अपप्रयोग , अपशकुन , अपेक्षा, अपयश , अपमान , अपशब्द , अपराध , अपकार , अपकीर्ति , अपभ्रश आदि।

अभि उपसर्ग - अभि का अर्थ होता है सामने , पास , ओर , इच्छा प्रकट करना , चारों ओर।
उदाहरण: अभिनन्दन , अभिलाप , अभीमुख , अभ्युत्थान ,अभियान , अभिसार , अभ्यागत , अभ्यास, अभिशाप ,अभिज्ञान , अभ्यास , अभ्युदय , अभिमान , अभिषेक ,अभिनय , अभिनव , अभिवादन ,

तत्सम शब्द

आर्थिक, संघर्ष, संस्कृति, सुकुमार ये शब्द जो संस्कृत से ज्यों के त्यों हिन्दी भाषा में सम्मिलित हैं। ये शब्द तत्सम कहलाते हैं । तत्सम संस्कृत के वे शब्द जो हिन्दी में ज्यों के त्यों ग्रहण किये गये हैं, तत्सम कहलाते हैं। तत्सम शब्द में ध्वनि परिवर्तन नहीं होता है। जैसे – आम्र, अग्नि, अमूल्य, क्षेत्र, अज्ञान, अन्धकार, चंद्र, बांग्ला, मराठी, गुजराती, हिंदी, पंजाबी, कन्नड़, तेलगु, मलयालम आदि।

तद्भव शब्द

आँख और गेहूँ शब्द संस्कृत से परिवर्तित होते हुए हिन्दी भाषा में आए हैं। ये शब्द तद्भव हैं। तद्भव संस्कृत के वे शब्द जो किंचित परिवर्तन के साथ हिन्दी में ग्रहण किये गये हैं, तद्भव कहलाते हैं। हिंदी के सभी क्रिया शब्द तद्भव शब्द होते हैं. जैसे:- आग, अनाज, आम, आलस, कोयल, कपूर, गाहक, गोबर, तुरंत, ताम्बा, छाता, गर्दन, चाँद इत्यादि।

देशज शब्द

भोथरा शब्द संस्कृत से नहीं आया बल्कि आंचलिक क्षेत्र की बोलियों से आया है। इस प्रकार के शब्द देशज हैं। देशज आंचलिक भाषाओं- बोलियों से ग्रहण किये गये है वे शब्द देशज शब्द कहलाते हैं। शब्द जिनके निर्माण की प्रक्रिया का पता नहीं होता है, उन्हें अनुकरण रहित देशज शब्द कहते हैं। जैसे – कपास, कौड़ी, बाजरा, अँगोछा, जूता, लोटा, ठर्रा, ठेस, घेवर, झण्डा, मुक्का, लकड़ी, लुग्दी।

विदेशी (आगत) शब्द–

विदेशी भाषाओं के वे शब्द जो हिन्दी में प्रयोग किए जाते हैं, विदेशी शब्द या आगत शब्द कहलाते हैं। अरबी, फारसी, अंग्रजी या अन्य किसी भी दुसरे देश की भाषा के शब्द जिनका हिन्दी भाषा में प्रयोग कर लिया जाता है उन्हें विदेशी शब्द कहते हैं। जैसे -इरादा, इशारा, हलवाई, दीदार, चश्मा, डॉक्टर, हॉस्पीटल, इलाज, बम।

लोकोक्तियों एवं मुहावरों के अर्थ

लोकोक्तियाँ

साधारणतया लोक में प्रचलित उक्तियों को लोकोक्ति कहा जाता है। 'लोकोक्तियों' को 'कहावतों' के नाम से भी जाना जाता है। लोकोक्तियाँ अंतर्कथाओं से भी संबंध रखती हैं। लोकोक्तियाँ स्वतंत्र वाक्य होती हैं, जिनमें एक पूरा भाव छिपा रहता है।

लोकोक्तियाँ

अक्ल बड़ी या भैंस - शारीरिक शक्ति की अपेक्षा बुद्धि का महत्व अधिक होता है |

अक्ल के पीछे लट्ठ लिए फिरना - सदा मूर्खतापूर्ण बातें या काम करते रहना।

अधजल गगरी छलकत जाए - थोड़ा होने पर अधिक दिखावा करना।

अपना हाथ जगन्नाथ - स्वतंत्र व्यक्ति जिसके काम में कोई दखल न दें ।

अपने पांव पर आप कुल्हाड़ी मारना - अपना अहित स्वयं करना।

अपनी अपनी डफली,अपना अपना राग - विचारो का बेमेल होना|

अब पछताए होत क्या जब चिड़िया चुग गई खेत - समय गुज़रने पर पछतावा करने से कोई लाभ नहीं होता।

अशर्फ़ियाँ लुटाकर कोयलों पर मोहर लगाना - मूल्यवान वस्तु भले ही जाए, पर तुच्छ चीज़ों को बचाना।

आसमान से गिरा खजूर में अटका - एक विपत्ति से निकलकर दूसरी में उलझना |

आप भला सो जग भला - स्वयं सही हो तो सारा संसार ठीक लगता है |

आगे कुआँ पीछे खाई - हर तरफ परेशानी होना; विपत्ति से बचाव का कोई मार्ग न होना |

आगे नाथ न पीछे पगहा - कोई भी जिम्मेदारी न होना; पूर्णत: बंधनरहित होना |

आए थे हरि भजन को ओटन लगे कपास - इच्छितकार्य न कर पाने पर कोई अन्य कार्य कर लेना|

आटे के साथ घुन भी पिसता है - अपराधी के साथ निरपराधी भी दण्ड पा जाताहै |

अंधेर नगरी चौपट राजा, टके सेर भाजी टके सेर खाजा - जहाँ मुखिया ही मूर्ख हो, वहाँ अन्याय ही होता है।

अंधों में काना राजा - मूर्खों में थोड़ा सा ज्ञानी।

अंधी पीसे कुत्ता खाये - परिश्रमी व्यक्ति के असावधानी पर अन्य व्यक्ति का उपभोग करना।

आम के आम गुठलियों के दाम - दुहरा लाभ होना।

आँख का अँधा, नाम नैनसुख - गुण न होने पर भी गुण का दिखावा करना।

ओखली मे सिर दिया तो मूसल से क्या डर - कठिन कार्यो में उलझ कर विपत्तियों से क्या घबराना।

एक अनार सौ बीमार - समान कम चाहने वाले बहुत ।

एक और एक ग्यारह - एकता मे शक्ति होती है |

एक पंथ दो काज - एक प्रयत्न से दोहरा लाभ।

एक तो चोरी ऊपर से सीनाज़ोरी - गलती करने पर भी उसे स्वीकार न करके विवाद करना|

एक हाथ से ताली नही बजती - झगड़ा एक ओर से नही होता |

एक तो करेला, दूजे नीम चढ़ा - अवगुणी में और अवगुणों का आ जाना |

एक म्यान में दो तलवार नहीं रह सकती - एक स्थान पर दो विचारधारायें नहीं रह सकतीं हैं|

उल्टा चोर कोतवाल को डांटे - अपना अपराध स्वीकार करने की बजाय पूछने वाले को दोष देना।

ऊँट के मुँह मे ज़ीरा - बड़ी आवश्यकता के लिये कम देना।

मुहावरे

मुहावरों एवं लोकोक्तियों का प्रयोग भाषा की सुंदर रचना हेतु आवश्यक माना जाता है। अपने साधारण अर्थ को छोड़ कर विशेष अर्थ को व्यक्त करने वाले वाक्यांश को मुहावरा कहते हैं। मुहावरा अरबी भाषा का शब्द है ,जिसका शाब्दिक अर्थ है 'अभ्यास' । मुहावरा पूर्ण वाक्य नहीं होता है, इसीलिए इसका स्वतंत्र रूप से प्रयोग नहीं किया जा सकता है।

मुहावरे

अक्ल का अंधा - मूर्ख व्यक्ति; जिसमें समझ न हो।

अक्ल घास चरने जाना - समझ का अभाव होना।

अक्ल का दुश्मन - मूर्ख व्यक्ति।

अगर-मगर करना - आनाकानी या टालमटोल करना; बहाने बनाना।

अपना उल्लू सीधा करना - अपना मतलब निकालना।

अपने मुँह मियाँ मिट्ठू बनना - अपनी प्रशंसा स्वयं करना।

अपने पैरों पर खड़ा होना - स्वावलंबी होना।

आस्तीन का साँप - किसी अपने या निकट व्यक्ति द्वारा धोखा देना, कपटी मित्र।

आसमान से बातें करना - बहुत ऊँचा होना या तेज़ गति वाला।

आँख का तारा - बहुत प्रिय होना।

आँखें खुलना - जागना, वास्तविकता से अवगत होना, भ्रम दूर होना, सचेत होना।

आँखें चार होना - प्रेम होना, आमना-सामना होना।

आँखों में धूल झोंकना - धोखा देना।

अंगार उगलना - अत्यंत क्रुद्ध होकर अपशब्द कहना।

अंधे की लाठी - एकमात्र सहारा।

उखड़ी-उखड़ी बातें करना - अन्यमनस्क होना या उदासीन बातें करना।

उन्नीस-बीस का अंतर होना - बहुत कम अंतर होना।

उल्टी गंगा बहाना - विपरीत चलना।

सन्धि

संधि का अर्थ

सामान्यतः संधि का अर्थ जोड़ या जुड़ाव से होता है। हिन्दी व्याकरण की दृष्टि से देखें तो – "जब दो ध्वनियाँ आपस में मिल जाती है तब वहाँ संधि होती है।"

उदाहरण -

(1) पुस्तकालय = पुस्तक+आलय

यहाँ पर अ+आ=आ हो गया है।

(2) पराधीनता = पर+आधीनता

यहां पर भी अ+आ=आ हो गया है।

(3) सर्व+उत्तम = सर्वोत्तम

यहाँ पर अ+उ = ओ हो गया है।

संधि के प्रकार

संधि के तीन प्रकार हैं–

(1) स्वर सन्धि - दीर्घ सन्धि, गुण सन्धि, वृद्धि सन्धि, यण् सन्धि, अयादि सन्धि।

(2) व्यंजन सन्धि

(3) विसर्ग सन्धि

स्वर सन्धि - दीर्घ सन्धि, गुण सन्धि, वृद्धि सन्धि, यण् सन्धि, अयादि सन्धि।

1. स्वर सन्धि - दो निकटतम स्वरों के मेल से जो परिवर्तन होता है उसे स्वर संधि कहते हैं इसके पाँच भेद है।

(i) दीर्घ स्वर संधि

(ii) गुण स्वर संधि

(iii) वृद्धि स्वर संधि

(iv) यण स्वर संधि

(v) अयादि स्वर संधि

(i) दीर्घ स्वर सन्धि – दो सजातीय या समान स्वरों के मेल से स्वरों में जो परिवर्तन होता है, उसे दीर्घ स्वर सन्धि कहते हैं।

ह्रस्व या दीर्घ अ, इ, उ, के आगे ह्रस्व या दीर्घ स्वर आ, ई, ऊ, आए तो दोनों मिलकर क्रमश: आ, ई, ऊ बन जाते हैं। जैसे -

अ+अ=आ – मत+अनुसार = मतानुसार

अ+आ=आ – परम+आनंद = परमानंद

आ+आ=आ – महा+आत्मा = महात्मा

इ+इ=ई – रवि+इन्द्र = रवीन्द्र

(ii) गुण स्वर संधि – जब संधि करते समय अ या आ के बाद इ या ई आए तो दोनों मिलकर ए हो जाते हैं, अ या आ के बाद उ या ऊ आए तो दोनों मिलकर ओ हो जाते हैं और अ या आ के बाद ऋ आए तो अर् हो जाता है। इस प्रकार बनने वाले शब्दों को गुण स्वर संधि कहते हैं।

(अ + इ = ए) के उदाहरण :-

नर + इंद्र = नरेंद्र

गज + इंद्र = गजेन्द्र

नृप + इंद्र = नृपेंद्र

न + इष्ट = नेष्ट

न + इति = नेति

भारत + इंदु = भारतेंदु

अंत्य + इष्टि = अंत्येष्टि

उप + इंद्र = उपेन्द्र

इतर + इतर = इतरेतर

देव + इंद्र = देवेन्द्र

न + इष्ट = नेष्ट

(iii) वृद्धि संधि – यदि 'अ', 'आ' के बाद 'ए' या 'ऐ' आए तो मिलकर 'ऐ' तथा यदि 'ओ' या 'औ' आए तो मिलकर 'औ' जाते हैं। इस क्रिया को वृद्धि स्वर संधि कहते हैं।

उदाहरण -

एक + एक = एकैक – (अ + ए = ऐ)

सदा + एव = सदैव – (आ + ए = ऐ)

मत + एक्य = मतैक्य – (अ + ऐ = ऐ)

महा + ऐश्वर्य = महैश्वर्य – (आ + ऐ = ऐ)

दंत + ओष्ठ = दंतौष्ठ – (अ + ओ = औ)

महा + ओज = महौज – (आ + ओ = औ)

परम + औषधि = परमौषधि – (अ + औ = औ)

महा + औषधि = महौषधि – (आ + औ =औ)

नियम –

1. यदि अ,आ के बाद ए, ऐ आए तो दोनों मिलकर 'ऐ' हो जाते हैं।

2. यदि अ, आ के बाद ओ औ आए तो दोनों मिलकर 'औ' हो जाते हैं।

(iv) यण संधि – ह्रस्व अथवा दीर्घ 'इ', 'उ', 'ऋ' के बाद यदि कोई भिन्न स्वर आता है तो 'इ', 'ई' के बदले 'य' तथा 'उ', 'ऊ' के बदले 'व' एवं 'ऋ' के बदले 'र' हो जाता है तो उसे यण स्वर संधि कहते हैं।

उदाहरण–

अति + अधिक = अत्यधिक (इ + अ = य)

इति + आदि = इत्यादि (इ + आ = या)

नदी + अर्पण = नद्यर्पण (ई + अ = य)

सखी + आगमन = संख्यागमन (ई + आ = या)

प्रति + उत्तर = प्रत्युत्तर (इ + उ = यु)

नि + ऊन = न्यून (इ + ऊ = यू)

प्रति + एक = प्रत्येक (इ + ए = ये)

देवी + ऐश्वर्य = देव्यैश्वर्य (ई + ऐ + यै)

सु + अच्छ = स्वच्छ (उ +अ = व)

सु + आगत = स्वागत (उ + आ = वा)

अनु + इति = अन्विति (उ + इ = वि)

अनु + एपण = अन्वेषण (उ + ए = वे)

पितृ + अनुमति = पित्रनुमति (ऋ + अ = र)

मातृ + आज्ञा = मात्राज्ञा (ऋ + आ = रा)

मातृ + इच्छा = मात्रिच्छा (ऋ + इ = रि)

नियम –

1. यदि 'इ', 'ई' के बाद कोई भिन्न स्वर आए तो 'इ', 'ई' का 'य' हो जाता है।

2. यदि 'उ', 'ऊ' के बाद कोई भिन्न स्वर आए तो 'उ', 'ऊ' का 'व' हो जाता है।

3. यदि 'ऋ' के बाद कोई भिन्न स्वर आए तो 'ऋ' का 'र' हो जाता है।

(v) अयादि संधि – 'ए', 'ऐ', 'ओ', 'औ' के बाद जब कोई भिन्न स्वर आता है तब 'ए' के स्थान पर 'अय्', 'ओ' के स्थान पर 'अव्', 'ऐ' के स्थान पर 'आय्' एवं 'औ' के स्थान पर 'आव्' हो जाता है। इसे ही अयादि स्वर संधि कहते हैं।

उदाहरण–

ने + अन = नयन (ए + अ = अय्)

गे + अक = गायक (ऐ + अ = आय्)

पो + अन = पवन (ओ + अ = अव्)

पौ + अन = पावन (औ + अ = आव्)

नौ + इक = नाविक (औ + इ = आवि)

भौ + उक = भावुक (औ + उ = आवु)

नियम-

1 यदि 'ए', 'ऐ', 'ओ', 'औ', से आगे कोई इनसे भिन्न स्वर आता है तो 'ए', का 'अय्', 'ऐ' का 'आय्', 'ओ' का 'अव्' तथा 'औ' का 'आव् 'हो जाता है।

व्यंजन संधि

जब संधि करते समय व्यंजन के साथ स्वर या कोई व्यंजन के मिलने से जो रूप में परिवर्तन होता है, उसे ही व्यंजन संधि कहते हैं। यानी जब दो वर्णों में संधि होती है तो उनमे से पहला यदि व्यंजन होता है और दूसरा स्वर या व्यंजन होता है तो उसे हम व्यंजन संधि कहते हैं।

व्यंजन संधि के कुछ उदाहरण :

दिक् + अम्बर = दिगम्बर

अभी + सेक = अभिषेक

दिक् + गज = दिग्गज

जगत + ईश = जगदीश

विसर्ग संधि

जब संधि करते समय विसर्ग के बाद स्वर या व्यंजन वर्ण के आने से जो विकार उत्पन्न होता है, हम उसे विसर्ग संधि कहते हैं। जैसे:

विसर्ग संधि के उदाहरण :

अंतः + करण = अन्तकरण

अंतः + गत = अंतर्गत

अंतः + ध्यान = अंतर्ध्यान

अंतः + राष्ट्रीय = अंतर्राष्ट्रीय

वाच्य, समास एवं अंलकार के भेद

वाच्य

क्रिया का वह रूप जिससे पता चलता है कि वाक्य में कर्ता, कर्म या भाव में से किसकी प्रधानता है , वाच्य कहलाता है।

उदाहरण :

- सौरभ पत्र लिखता है ।
- सौरभ द्वारा पत्र लिखा जाता है।
- सौरभ से पत्र लिखाया जाता है।

वाच्य के भेद

वाच्य के तीन भेद होते है –

1. कर्तृवाच्य
2. कर्मवाच्य
3. भाववाच्य

1. कर्तृवाच्य :–

जिस वाक्य में कर्ता प्रधान होता है और जहां क्रिया पद के लिंग और वचन के अनुसार हो, उसे कर्तृवाच्य कहते है।

उदाहरण :

सुरेश चित्र बनाता है।

लड़किया बाजार जा रही है।

मै रामायण पढ़ रही है।

कुमकुम खाना खाकर सो गई।

2. कर्मवाच्य :–

जहां क्रिया का सीधा संबंध कर्म से होता है तथा जहां क्रिया पद लिंग और वचन के अनुसार होते है, वहां कर्मवाच्य होता है | कर्मवाच्य में कर्म प्रधान होता है।

उदाहरण :

माली द्वारा पौधे लगाए गए।

राम द्वारा पतंग उड़ाई जाती है।

बच्चों द्वारा क्रिकेट खेला जाता है।

3. भाववाच्य :–

जहां क्रिया पद पर कर्ता और कर्म के लिंग और वचन का कोई प्रभाव नहीं होता वहा भाववाच्य होता है।

उदाहरण :

हमसे वहाँ नहीं ठहरा जाता।

सीता से गाया नहीं जाता।

उससे आगे क्यों नहीं पढ़ा जाता।

मुझसे शोर में नहीं सोया जाता।

समास

समास का तात्पर्य है 'संक्षिप्तीकरण'। दो या दो से अधिक शब्दों से मिलकर बने हुए एक नवीन एवं सार्थक शब्द को समास कहते हैं। जैसे – 'रसोई के लिए घर' इसे हम 'रसोईघर' भी कह सकते हैं। संस्कृत एवं अन्य भारतीय भाषाओं में समास का बहुतायत में प्रयोग होता है।

समास के भेद

समास के छः भेद हैं :

1. अव्ययीभाव समास
2. तत्पुरुष समास
3. द्विगु समास
4. द्वन्द्व समास
5. बहुव्रीहि समास

6. कर्मधारय समास

7. अव्ययीभाव समास

1. अव्ययीभाव समास

जिस समास का पहला पद(पूर्व पद) प्रधान हो और वह अव्यय हो उसे अव्ययीभाव समास कहते हैं। जैसे – यथामति (मति के अनुसार), आमरण (मृत्यु कर) इनमें यथा और आ अव्यय हैं।

कुछ अन्य उदाहरण –

आजीवन – जीवन-भर

यथासामर्थ्य – सामर्थ्य के अनुसार

यथाशक्ति – शक्ति के अनुसार

2. तत्पुरुष समास

जिस समास का उत्तरपद प्रधान हो और पूर्वपद गौण हो उसे तत्पुरुष समास कहते हैं। जैसे – तुलसीदासकृत = तुलसीदास द्वारा कृत (रचित)

ज्ञातव्य- विग्रह में जो कारक प्रकट हो उसी कारक वाला वह समास होता है।

3. कर्मधारय समास

जिस समास का उत्तरपद प्रधान हो और पूर्वपद व उत्तरपद में विशेषण-विशेष्य अथवा उपमान-उपमेय का संबंध हो वह कर्मधारय समास कहलाता है। जैसे –

समस्त पद	समास-विग्रह
चंद्रमुख	चंद्र जैसा मुख
देहलता	देह रूपी लता
नीलकमल	नीला कमल
सज्जन	सत् (अच्छा) जन
कमलनयन	कमल के समान नयन
दहीबड़ा	दही में डूबा बड़ा
पीतांबर	पीला अंबर (वस्त्र)

नरसिंह	नरों में सिंह के समान

4. द्विगु समास

जिस समास का पूर्वपद संख्यावाचक विशेषण हो उसे द्विगु समास कहते हैं। इससे समूह अथवा समाहार का बोध होता है। जैसे –

समास-विग्रह	समस्त पद
नवग्रह	नौ ग्रहों का समूह
त्रिलोक	तीन लोकों का समाहार
नवरात्र	नौ रात्रियों का समूह
अठन्नी	आठ आनों का समूह
दोपहर	दो पहरों का समाहार
चौमासा	चार मासों का समूह
सौ अब्दो	(वर्षों) का समूह शताब्दी
त्रयम्बकेश्वर	तीन लोकों का ईश्वर

5. द्वन्द्व समास

जिस समास के दोनों पद प्रधान होते हैं तथा विग्रह करने पर 'और', अथवा, 'या', एवं लगता है, वह द्वंद्व समास कहलाता है। जैसे-

समस्त पद	समास-विग्रह
पाप-पुण्य	पाप और पुण्य
सीता-राम	सीता और राम
ऊँच-नीच	ऊँच और नीच
अन्न-जल	अन्न और जल
खरा-खोटा	खरा और खोटा
राधा-कृष्ण	राधा और कृष्ण

6. बहुव्रीहि समास

जिस समास के दोनों पद अप्रधान हों और समस्तपद के अर्थ के अतिरिक्त कोई सांकेतिक अर्थ प्रधान हो उसे बहुव्रीहि समास कहते हैं। जैसे –

समस्त पद	समास-विग्रह
दशानन	दश है आनन (मुख) जिसके अर्थात् रावण
नीलकंठ	नीला है कंठ जिसका अर्थात् शिव
सुलोचना	सुंदर है लोचन जिसके अर्थात् मेघनाद की पत्नी
पीतांबर	पीला है अम्बर (वस्त्र) जिसका अर्थात् श्रीकृष्ण
लंबोदर	लंबा है उदर (पेट) जिसका अर्थात् गणेशजी
दुरात्मा	बुरी आत्मा वाला (दुष्ट)
श्वेतांबर	श्वेत है जिसके अंबर (वस्त्र) अर्थात् सरस्वती जी

अलंकार

अलंकार का सामान्य अर्थ है, 'आभूषण' या 'गहना'। जिस प्रकार आभूषण से शरीर की शोभा बढ़ती है, उसी प्रकार अलंकार से काव्य की शोभा बढ़ती है। अलंकार शब्द का अर्थ है- वह वस्तु जो सुंदर बनाए या सुंदर बनाने का साधन हो। साधारण बोलचाल में आभूषण को अलंकार कहते हैं। जिस प्रकार आभूषण धारण करने से नारी के शरीर की शोभा बढ़ती है, वैसे ही अलंकार के प्रयोग से कविता की शोभा बढ़ती है।

अलंकार के भेद

अलंकार के तीन भेद होते हैं -

1. शब्दालंकार

2. अर्थालंकार

3. उभयालंकार

1. शब्दालंकार- काव्य में जहाँ शब्दविशेष के प्रयोग से सौन्दर्य में वृद्धि होती है, वहाँ शब्दालंकार होता है। हिंदी के प्रमुख शब्दालंकार निम्नलिखित हैं-

(i) अनुप्रास अलंकार- जिस रचना में किसी वर्ण की एक से अधिक बार आवृत्ति होने से चमत्कार उत्पन्न हो, वहाँ अनुप्रास अलंकार होता है।

उदाहरण-

1. चारु चंद्र की चंचल किरणें खेल रही हैं जल थल में।

2. तरनि तनुजा तट तमाल, तरुवर बहु छाए।

3. रघुपति राघव राजा राम,

(ii) यमक अलंकार- जहाँ शब्दों या वाक्यांशों की आवृत्ति एक या एक से अधिक बार होती है किंतु उनके अर्थ भिन्-भिन्न होते हैं, वहाँ यमक अलंकार होता है।

उदाहरण-

1. काली घटा का घमंड घटा।

उपर्युक्त उदाहरण में घटा दो बार आया है, किंतु उनका अर्थ भी भिन्न-भिन्न है।

घटा- काले बादलों का समूह

घटा- कम होना

2. कनक कनक ते सौ गुनी मादकता अधिकाय।

वा खाए बौराय जग, या पाए बौराय।

3. माला फेरत जुग गया, गया न मनका फेर।

करका मनका डारिकें, मनका मनका फेर।

मनका- माला का दाना, फेर- चक्कर

मनका- मन की बात, फेर- घूमना

(iii) श्लेष अलंकार- जहाँ एक ही बार प्रयुक्त हुए शब्द से एक ही स्थान पर दो या दो से अधिक अर्थ निकलते हैं, वहाँ श्लेष अलंकार होता है।

उदाहरण-

1. जो रहीम गति दीप की, कुल कपूत गति सोय।

बारे उजियारो करै, बढ़ै अंधेरो होय।

बारे- लड़कपन में, जलाने

बढ़ै- बड़ा होने, बुझ जाने

2. रहिमन पानी राखिए, बिनु पानी सब सून।

पानी गए न ऊबरै, मोती मानस चून

(iv) पुनरुक्ति प्रकाश अलंकार- जहाँ एक ही शब्द दो या दो से अधिक बार आता है और ऐसा होने से ही अर्थ की रुचिरता बढ़ जाती है, वहाँ पुनरुक्ति प्रकाश अलंकार होता है। इससे काव्य सौंदर्य बढ़ जाता है।

उदाहरण-

1. मृदु मंद-मंद मंथर-मंथर,

लघु तरणि, हंसनी सी सुंदर

2. थी ठौर-ठौर विहार करती सुरनारियाँ

तथा धीरे-धीरे वहन करके तू उन्हीं को उड़ा ला।

(v) वक्रोक्ति अलंकार- जहाँ कथित का ध्वनि द्वारा दूसरा अर्थ ग्रहण किया जाए वहाँ वक्रोक्ति अलंकार होता है।

(वक्र + उक्ति = टेढ़ा मेढ़ा कथन या उक्ति की विचित्रता)

उदाहरण-

1. मैं सुकुमारि नाथ वन जोगू।

तुमहिं उचित तप, मोकहूँ भोगू।।

यहाँ रामचंद्र जी के प्रति सीताजी का सामान्य कथन है कि "मैं सुकुमारी हूँ और आप वन के योग्य हैं।" आपको वन जाना चाहिए तथा मुझे घर में रहना चाहिए। पर यह सामान्य उक्ति न होकर विशिष्ट या विचित्र उक्ति है। वस्तुतः सीता के कथन से अन्य भाव ध्वनित होता है। अर्थात् सीता इसके विपरीत स्वयं भी वन जाना चाहती है।

2. को तुम हौ? घनश्याम अहै? घनश्याम अहौ कितहूँ बरसौ।

चितचोर कहावत है हम तो, तहँ जाँहु जहाँ है घन सरसौ।

2. अर्थालंकार- काव्य में जहाँ शब्दों के अर्थ से चमत्कार उत्पन्न होता है, वहाँ अर्थालंकार होता है। हिंदी के प्रमुख अर्थालंकार निम्नलिखित हैं-

(i) उपमा अलंकार- उप + मा = उपमा

यहाँ उप का आशय है समीप और मा का आशय है मापना। अर्थात् समीप रखपर मिलान करना या समानता बतलाना। जब किसी वस्तु का वर्णन करते हुए उससे अधिक प्रसिद्ध किसी वस्तु से उसकी तुलना करते हैं, तब उपमा अलंकार होता है।

उपमा के चार अंग होते हैं-

1. उसमेय- जिस व्यक्ति या वस्तु की समानता की जाती है।

2. उपमान- जिस व्यक्ति या वस्तु से समानता की जाती है।

3. साधारण धर्म- वह गुण/धर्म जिसकी तुलना की जाती है।

4. वाचक शब्द- वह शब्द जो रूप, रंग, गुण और धर्म की समानता दर्शाता है। यथा- सा, सी, सम, समान आदि।

उदाहरण-

1. सिन्धु-सा विस्तृत और अथाह,

एक निर्वाचित का उत्साह।

2. हाय! फूल-सी कोमल बच्ची, हुई राख की थी ढेरी।

प्रस्तुत उदाहरण में,

उपमेय- बच्ची, उपमान- फूल,

साधारण धर्म- कोमल, वाचक शब्द- सी

3. पीपर पात सरिस मन डोला।

(ii) रूपक अलंकार- काव्य में जहाँ उपमेय पर उपमान का आरोप या उपमेय और उपमान का अभेद ही रूपक अलंकार है। इसमें वाचक शब्द का लोप होता है।

उदाहरण-

1. उदित उदयगिरि-मंच पर, रघुबर बाल पतंग।

बिकसे संत-सरोज सब, हरसे लोचन-भृंग।

2. चरण सरोज पखारन लागा।

3. अवधेश के बालक चारि सदा, तुलसी मन-मंदिर में बिहरैं।

उपर्युक्त उदाहरण में उपमेय और उपमान का आरोप-

1. उदयगिरि पर मंच का,

2. रघुबर पर बाल-पतंग का,

3. संतों पर-सरोज का,

4. लोचनों पर भृंग (भौरों) का।

(iii) उत्प्रेक्षा अलंकार- उत्प्रेक्षा का अर्थ है- किसी वस्तु को सम्मानित रूप में देखना।

काव्य में जहाँ उपमेय में कल्पित उपमान की संभावना व्यक्त की जाती है वहाँ उत्प्रेक्षा अलंकार होता है।

इसके वाचक शब्द- जनु, जानी, मनो, मानो, मनहु, ज्यों, जानो, मानहुँ, मनु आदि।

उदाहरण-

1. सोहत ओढ़े पीत पट, स्याम सलोने गात।

   मनहुँ नील मणि सैल पर, आतप पर्यो प्रभात।

इन काव्य पंक्तियों में- श्री कृष्ण के सुंदर शरीर में नीलमणि पर्वत की और इनके शरीर पर शोभायमान पीतांबर में प्रभात की धूप की मनोरम संभावना अथवा कल्पना की गई है। अतः उत्प्रेक्षा अलंकार है।

2. पुलक प्रकट करती है धरती, हरित तृणों की नोकों से।

   मानों झूम रहें हैं तरु भी, मंद पवन के झोंके से।

(iv) अतिशयोक्ति अलंकार- जहाँ लोकसीमा का अतिक्रमण करके किसी विषय वस्तु या विषय का वर्णन बढ़ा-चढ़ा कर किया जाए, वहाँ अतिशयोक्ति अलंकार होता है।

उदाहरण-

1. पड़ी अचानक नदिया अपार, घोड़ा कैसे उतरे पार।

   राणा ने सोचा इस पार, तब तक चेतक था उस पार।

प्रस्तुत उदाहरण में- प्रताप के घोड़े का अति तीव्र गति से दौड़ना लोक सीमा का उल्लंघन करता है। अतः यहाँ अतिशयोक्ति अलंकार है।

2. देख लो साकेत नगरी है यही

स्वर्ग से मिलने गगन में जा रही।

(v) अन्योक्ति अलंकार- जहाँ प्रस्तुत के माध्यम से अप्रस्तुत का अर्थ ध्वनित हो, वहाँ अन्योक्ति अलंकार होता है। अर्थात् जहाँ किसी बात को सीधे या प्रत्यक्ष न कहकर अप्रत्यक्ष रूप से कहते हैं, वहाँ अन्योक्ति अलंकार होता है।

उदाहरण-

1. माली आवत देखकर, कलियन करी पुकारि।

फूले-फूले चुन लिए, काल्हि हमारी बारि।

ये पंक्तियाँ कबीर की हैं।

प्रस्तुत पंक्तियों में - माली (काल का प्रतीक) फूलों को (वृद्धों को) निर्धारित समय पर तोड़ लेता है। जो आज कली (किशोरावस्था) के रूप में हैं, उन्हें भी माली रूपी काल किसी दिन तोड़ लेगा।

2. जिस दिन देखे वे कुसुम, गई सो बीति बहार।

अब अलि रही गुलाब में, अपत कटीली डार।

(vi) विरोधाभास अलंकार- जहाँ किसी कार्य, पदार्थ या गुण में वास्तविक विरोध न होते हुए भी विरोध का आभास हो, वहाँ विरोधाभास अलंकार होता है।

उदाहरण-

1. शीतल ज्वाला चलती है, ईंधन होता दृग-जल का।

यह व्यर्थ साँस चल-चल कर, करती है काम अनिल का।

2. या अनुरागी चित्त की, गति समुझे नहीं कोय।

ज्यों-ज्यों बूढ़े श्याम रंग, त्यों-त्यों उज्जवल होय।

3. शाप हूँ जो बन गया वरदान जीवन में।

(vii) अपह्नुति अलंकार- 'अपह्नुति' शब्द का अर्थ- 'छिपाना'

जहाँ किसी सच्ची बात को छिपाकर उसके स्थान पर किसी झूठी बात या वस्तु की स्थापना की जाए, वहाँ अपह्नुति अलंकार होता है।

उदाहरण-

1. किसुक, गुलाब, कचनार और अनारन की
   डारन पै डोलत अंगारन के पुंज हैं।

यहाँ, पलाश, गुलाब, कचनार और अनार के लाल फूलों का प्रतिषेध कर उनमें अंगारन के पुंज की स्थापना की गई है और सच्ची बात छिपा ली गई है।

2. सुनहु नाथ रघुबीर कृपाला।
   बंधु न होय मोर यह काला।

यहाँ पर सुग्रीव बालि का भाई है किंतु निषेध करके बालि को काल बताया गया है।

(viii) भ्रांतिमान अलंकार- जहाँ भ्रमवश किसी वस्तु को सादृश्य के कारण अन्य वस्तु समझ लिया जाए। समानता के भ्रम से निश्चयात्मक स्थिति होने पर भ्रांतिमान अलंकार होता है।

उदाहरण-

1. किंसुक कुसुम समझकर झपटा, भौरा सुक की लाल चोंच पर।
   तोते ने निज ठौर चलाई, जामुन का फल उसे समझ कर।

इस उदाहरण में, भ्रमर को तोते की चोंच में किंशुक कुसुम होने का भ्रम हो गया है तथा तोते को भ्रमर में जामुन फल का भ्रम हो गया है।

2. चाहत चकोर सूर ओर, दृग छोर करि।
   चकवा की छाती तजि धीर धसकति है।

(ix) संदेह अलंकार- जहाँ किसी वस्तु में उसी के समान वस्तु का संशय हो जाए और अनिश्चय बना रहे तो वहाँ संदेह अलंकार होता है।

उदाहरण-

1. लक्ष्मी थी या दुर्गा थी या स्वयं वीरता की अवतार।

इस उदाहरण में अनिश्चयात्मक स्थिति है। कवि सोच ही नहीं पा रहा कि वह लक्ष्मी है या रणचण्डी दुर्गा अथवा वीरता का अवतार। यहाँ साहस मूलक संशय बना हुआ है।

2. सारी बीच नारी है कि नारी बीच सारी है।

कि सारी ही की नारी है कि नारी ही की सारी है।

(x) व्याजस्तुति अलंकार- जब कथन में देखने या सुनने पर निंदा सी जान पड़े किंतु वास्तव में प्रशंसा हो, वहाँ व्याजस्तुति अलंकार होता है।

उदाहरण-

1. गंगा क्यों टेढ़ी चलती हो, दुष्टों को शिव कर देती हो।

क्यों यह बुरा काम करती हो, नरक रिक्त कर दिवि भारती हो।

2. निशदिन पूजा करत रहत श्याम बूड़ि तब रंग।

जनम-जनम की देह को छीनत हौं एक संग।

यहाँ सुनने में ऐसा प्रतीत होता है कि श्रीकृष्ण की निंदा की जा रही है, लेकिन सराहना (प्रशंसा) हो रही है। क्योंकि कृष्ण जन्म-जन्मांतर के बंधनों के पाश से अपने भक्तों को छुटकारा दिलाकर स्वयं में तिरोहित कर लेते हैं।

(xi) व्याजनिंदा अलंकार- जहाँ कथन में स्तुति का आभास हो किंतु वास्तव में निंदा हो, वहाँ व्याजनिंदा अलंकार होता है।

उदाहरण-

1. राम साधु, तुम साधु सुजाना।

राम मातु भलि मैं पहिचाना।

2. तुम तो सखा श्याम सुंदर के सकल जोग के ईस।

इस उदाहरण में उध्दव की सराहना भासित होती है, लेकिन यथार्थ में 'जोग के ईस' शब्दों में व्यंग्य एवं निंदा का भाव परिलक्षित होता है। अतः यहाँ व्याजनिंदा अलंकार है।

(xii) विशेषोक्ति अलंकार- जब कारण के होते हुए भी कार्य नहीं होता, वहाँ विशेषोक्ति अलंकार होता है।

उदाहरण-

1. पानी बिच मीन पियासी।
   मोहे सुनि-सुनि आवै हाँसी।

2. नेहुन नैननिको कछु उपजी बड़ी बलाय।
   नीर भरे नित प्रति रहे, तऊ न प्यास बुझाय।

यहाँ पर नयनों का नीर (जल) से पूर्ण बताया गया है, फिर भी उनकी पिपासा शांत नहीं होती। प्यास बुझाने का साधन नीर है, फिर भी प्यास शांत नहीं हो पा रही है। अतः यहाँ विशेषोक्ति अलंकार है।

(xiii) विभावना अलंकार- जब कारण न होने पर भी कार्य का होना बताया जाता है, वहाँ विभावना अलंकार होता है।

उदाहरण-

बिनु पद चलै, सुनै बिनु काना, कर बिनु कर्म करै विधि नाना।

आनन रहित सकल रस भोगी, बिनु वाणी वक्ता बड़ जोगी।

यहाँ चलना, सुनना, काम करना, खाना तथा बोलना बिना संबंधित हेतु पाँव, कान, हाथ, मुख तथा वाणी के हो रहे हैं।

(xiv) मानवीकरण अलंकार- जब कविता में प्रकृति पर मानवीय क्रिया कलापों का आरोप किया जाता है तो वहाँ मानवीकरण अलंकार होता है। इसे इस प्रकार परिभाषित करते हैं- "जब अचेतन प्रकृति में कवि चेतना आरोपित करता है तब वहाँ मानवीकरण अलंकार होता है।"

उदाहरण-

"धीरे-धीरे हिम आच्छादन हटने लगा धरातल से।

लगी वनस्पतियाँ अलसाई मुख धोती शीतल जल से।"

उपर्युक्त उदाहरण में जागने पर अलसाई वनस्पतियों को शीतल जल से मुख धोते हुए बताया गया है।

(xv) दृष्टांत अलंकार- जब वाचक धर्म के बिना पृथक् धर्म वाले दो वाक्यों में समता स्थापित की जाती है, तब दृष्टांत अलंकार माना जाता है।

उदाहरण-

रहीमन अँसुवा नयन ढरि, जिस-दुख प्रगट करेइ।

जाहि निकारो गेह तें, कस न भेद कहि देह?

(xvi) व्यतिरेक अलंकार- जहाँ उपमेय को उपमान से बढ़ाकर वर्णन किया जाता है, वहाँ व्यतिरेक अलंकार होता है।

उदाहरण-

1. राधा मुख को चंद्र सा कहते हैं मतिरंक।

   निष्कलंक है यह सदा, उसने प्रगट कलंक।

2. सम सुबरन सुखमाकर सुखद न थोर।

   सीय अंग सखि कोमल कनक कठोर।

यहाँ कनक (उपमान) को सीता के अंगों (उपमेय) से हीन ठहराकर उपमेय (सीता के अंगों) को श्रेष्ठ प्रतिपादित किया गया है। अतः व्यतिरेक अलंकार है।

3. उभयालंकार- जहाँ काव्य में ऐसा प्रयोग किया जाए जिससे शब्द और अर्थ दोनों में चमत्कार हो वहाँ उभयालंकार होता है।

भ्रांतिमान और संदेह अलंकार में निम्नलिखित अंतर है-

1. भ्रांतिमान अलंकार में एक वस्तु में दूसरी वस्तु का झूठा निश्चय हो जाता है, जबकि संदेह अलंकार में अनिश्चित बना रहता है।

2. भ्रांतिमान अलंकार में भ्रम दूर हो जाता है, जबकि संदेह अलंकार में भ्रम दूर नहीं होता।

3. भ्रांतिमान अलंकार में व्यक्ति को भ्रम होता है, जबकि संदेह अलंकार में संशय बना रहता है।

यमक और श्लेष अलंकार में निम्नलिखित अंतर है -

1. यमक अलंकार में एक शब्द दो या उससे अधिक बार प्रयोग होता है, जबकि श्लेष अलंकार में एक शब्द केवल एक ही बार प्रयोग होता है।
2. यमक अलंकार में समान शब्दों के भिन्न अर्थ होते हैं, जबकि श्लेष अलंकार में एक ही शब्द के अनेक अर्थ होते हैं।

विभावना और विशेषोक्ति अलंकार में निम्नलिखित अंतर है-

1. विभावना अलंकार में कारण नहीं होता, जबकि विशेषोक्ति अलंकार में कारण होता है।
2. विभावना अलंकार में कार्य पूर्ण हो जाता है, जबकि विशेषोक्ति अलंकार में कार्य पूर्ण नहीं होता।

व्याजस्तुति और व्याजनिन्दा अलंकार निम्नलिखित अंतर है-

1. व्याजस्तुति अलंकार में निन्दा करने का आभास होता है, जबकि व्याजनिन्दा अलंकार में स्तुति का आभास होता है।
2. व्याजस्तुति अलंकार में स्तुति की जाती है, जबकि व्याजनिन्दा अलंकार में निन्दा की जाती है।

हिंदी के प्रसिद्ध कवि और उनकी रचनाएं

रचनाकार	रचनाएँ
वेदव्यास	महाभारत, भगवद्गीता
वाल्मीकि	रामायण
कालिदास	रघुवंश, मेघदूत, अभिज्ञान शाकुंतलम्, मालविकाग्निमित्र, विक्रमोर्वशीयम्, कुमारसंभव, ऋतुसंहार
भास	स्वप्नवासवदत्ता, प्रतिज्ञा यौगन्धरायण, चारुदत्त
सुबन्धु	वासवदत्ता
दण्डी	दशकुमार चरित, अवन्ति सुन्दरी
भवभूति	उत्तररामचरित
पाणिनि	अष्टाध्यायी
जयदेव	गीत गोविन्द

कौटिल्य	अर्थशास्त्र
राजशेखर	काव्य-मीमांसा
मम्मट	काव्यप्रकाश
भर्तृहरि	श्रृंगार शतक
शूद्रक	मृच्छकटिक
बाणभट्ट	कादंबरी, हर्षचरित
कल्हण	राजतरंगिणी
भरतमुनि	नाट्यशास्त्र
विश्वनाथ	साहित्य दर्पण
क्षेमेन्द्र	कण्ठाभरण
अम्बिकादत्त व्यास	शिवराज विजय
नारायण पंडित	हितोपदेश
विष्णु शर्मा	पंचतंत्र
बिल्हण	चोर पंचाशिका
राजशेखर	कर्पूर मंजरी
गोस्वामी तुलसीदास	रामचरितमानस, हनुमान चालीसा, विनय पत्रिका, दोहावली, कवितावली, गीतावली
सुमित्रानंदन पंत	चिदम्बरा, लोकायतन, गुंजन, ग्राम्य, ग्रंथि, तारापथ, युगान्तर, स्वर्णकिरण, कला और बूढ़ा चाँद, युगवाणी, पल्लव, शंख-ध्वनि, युगपथ, झंझा में नीम
वात्स्यायन	कामसूत्र
मुंशी प्रेमचंद	गोदान, गवन, सोजे वतन, प्रेमाश्रम, मंगलसूत्र, सेवासदन, मानसरोवर, कर्मभूमि, निर्मला, रंगभूमि
पं. सूर्यकांत	अनामिका, अनामिका, कुकुरमुत्ता, जूही की कली, अपरा, परिमल, गीतिका
त्रिपाठी निराला	तुलसीदास, राम की शक्ति पूजा, सरोज स्मृति, पंत और पल्लव

जयशंकर प्रसाद	कामायनी, आंसू, लहर, कंकाल, तितली, स्कन्दगुप्त, अजातशत्रु, चन्द्रगुप्त, ध्रुवस्वामिनी, इरावती, आकाशदीप
राजा राधिकारमण	पुरुष और नारी, राम-रहीम, कुसुमांजलि, टूटा तारा, हवेली और झोपडी प्रसाद चुम्बन और चाटा, पूरब और पश्चिम
मैथिलीशरण गुप्त	साकेत, यशोधरा, भारत-भारती, पंचवटी, जयद्रथ वध, द्वापर, जय-भारत, हिडिम्बा, विष्णु प्रिया
रामधारी	उर्वशी, कुरुक्षेत्र, संस्कृति के चार अध्याय, रश्मिरथी, रेणुका, हुंकार सिंह 'दिनकरद्वन्द्वगीत, रेती के फूल, रसवंती, धूप-छाँह
हरिवंशराय बच्चन	क्या भूलूँ क्या याद करूँ, बसेरे से दूर, नीड़ का निर्माण फिर, मधुशाला, दशद्वार से सोपान तक, निशा-निमंत्रण, मधुबाला, प्रवास की डायरी
रवीन्द्रनाथ टैगोर	विसर्जन, गीतांजली, गोरा, गार्डन, हंगरी स्टोन्स, विनोदिनी, आँख की किरकिरी, योगायोग, चित्रा, लाल पनेर, चण्डालिका, पोस्ट-ऑफिस, दो बहनें, द किंग ऑफ डाक चेकर
फिराक गोरखपुरी	गुल-ए-नगमा, आतरा-ए-गुल, धरती के करवट, रंगे शायरी, बज्में जिन्दगी, शोला-ए-शोज
राधाकृष्णन	परिवर्तन, गेंद और गोल, फुटपाथ, सनसनाते पन्ने, रामलीला
देवकीनंदन खत्री	चन्द्रकान्ता, काजल की कोठरी, कुसुम कुमारी, गुप्ता आन्दोलन, भूतनाथ, नौलखा हार, अनूठी बेगम, लैला मजनूँ, कटोरा भर खून

महादेवी वर्मा	नीहारिका, नीरजा, यामा, हिमायल, स्मृति की रेखाएँ, श्रृंखला की कड़ियाँ, अतीत के चलचित्र, दीपशिखा
भगवतीचरण वर्मा	चित्रलेखा, सबहिं नचावत राम गोसाईं, प्रश्न और मरीचिका सन्यासी
यशपाल	झूठा-सच, सिंहावलोकन, देशद्रोही, अभिशप्त, पिंजरे की उड़ान, वो दुनिया, तर्क का तूफान, उत्तराधिकारी, चित्र का शीर्षक, देखा-सोचा-समझा, मार्क्सवाद, खच्चर और आदमी, दादा कामरेड, दिव्या, लैंपशेड, मनुष्य के रूप, गाँधीवादी की शव-परीक्षा
फणीश्वरनाथ रेणु	मैला आँचल, परती परी कथा, तीसरी कसम
रामचन्द्र शुक्ल	तुलसीदास, चिन्तामणि, त्रिवेणी, हिन्दी साहित्य का इतिहास
डॉ0 राजकुमार वर्मा	विजय पर्व, शिकार, बोलती प्रतिमा, सीताराम की डायरी, रजनी की रात, उत्सर्ग, रेशमी टाई, अमृत की खोज
कृश्नचन्दर	हवाई किले, एक गदहे की वापसी, गद्दार, ए. डार्क रिवर, कागज की नाव, फूल की तन्हाई, एक वायलिन समुंदर के किनारे
रामवृक्ष बेनीपुरी	तरुण भारत, चिता के फूल, माटी की मूरतें, अम्बपाली, पैरों में पंख बाँधकर, पतितों के देश में
सुदर्शन	हृदय की परख, सुप्रभात, तीर्थयात्रा, मान हृदय, कहानी की कहानी, कवि की पत्नी, सुदर्शन सुधा
भीष्म साहनी	झरोखे, तपस, कड़ियाँ, भटकती राख, पटरियाँ
लक्ष्मीनारायण मिश्र	सतह से उठती लहरें, सिंदूर की होली, धरती का हृदय, नारद के वीणा
स्वामी विवेकानंद	धर्म विज्ञान, वेदान्त, हिन्दू धर्म के देश में भारतीय नारी, मेरा जीवन तथा ध्येय, राजयोग, शिकागो

	वक्तृता, कर्मयोग, हमारा भारत, अध्यात्म मार्ग, भारत में शक्ति पूजा
श्यामनंदन किशोर	शेफालिका, जवानी और जवान, सूरज नया पुरानी धरती, वीरता का रहस्य
आचार्य शिवपूजन	बिहार विभूति, जागरण, देहाती दुनिया, माधुरी, वो दिन वे लोग
सरोजिनी नायडू	वर्ड ऑफ टाईम, सोंग आफ इडिंया, ब्रोकन बिंग
मोहन राकेश	आषाढ़ का एक दिन, अन्तराल, हलरों के राजहंस
मोहनलाल महतो	एक तारा, आर्यावर्त, रजकण, आरपार, कसाई, विचारधारा, तथास्तु
विमल मित्र	सुरसतिया, मैं खरीदी कौड़ियों के मोल, साहब, बीबी और गुलाम
कन्हैयालाल	आधे रास्ते, जय सोमनाथ, तपस्विनी, कृष्णावतार, पृथ्वी वल्लभ भास्कराचार्य लीलावती, सिद्धांत शिरोमणि, करण कुतूहल
अमृतलाल नागर	पीढ़ियाँ, मानस का हंस, खंजन नयन
आचार्य चतुरसेन	सोमनाथ, वयं रक्षामः, वैशाली की नगर वधू, सोना और खून
गुलाब राय	सिद्धांत और अध्ययन
हजारी प्र. द्विवेदी	साहित्य का क्रम
धीरेन्द्र वर्मा	ग्रामीण हिन्दी
किशोरीदास बाजपेयी	हिन्दी शब्दानुशासन
श्री साठे	राष्ट्रभाषा का अध्ययन
भोलानाथ तिवारी	

(ख) भाषा विकास का अध्यापन :

अधिगम और अर्जन

अधिगम का अर्थ

अधिगम शिक्षण प्रक्रिया का केंद्र बिंदु है, यह एक मनोवैज्ञानिक प्रक्रिया है। सामान्य अर्थ में अधिगम का अर्थ सीखना अथवा व्यवहार परिवर्तन है। ये व्यवहार परिवर्तन स्थायी तथा अस्थायी दोनों हो सकते हैं। किन्तु व्यवहार में अभिप्रेरणात्मक स्थिति में उतार चढाव से उत्पन्न अस्थायी परिवर्तन अधिगम नही होते है, कहने का अर्थ यह है कि अनुभवों एवं प्रशिक्षण के बाद बालक के व्यवहार में जो सुधार आता है उसी को अधिगम कहते हैं। अधिगम की प्रक्रिया सभी जीवो में होती है किन्तु उनकी विशिष्टतायें भिन्न भिन्न होती है

अधिगम की परिभाषा

क्रॉनबैक के अनुसार, "अनुभव के परिणामस्वरुप व्यवहार परिवर्तन ही अधिगम है।"

क्रो एवं क्रो के अनुसार, "आदतों, ज्ञान व अभिवृत्तियों का अर्जन ही अधिगम है।"

गिलफर्ड के अनुसार, "व्यवहार के कारण परिवर्तन ही सीखना है।"

उपरोक्त परिभाषाओं से स्पष्ट होता है कि सीखने के कारण व्यक्ति के व्यवहार में परिवर्तन आता है, व्यवहार में यह परिवर्तन बाह्य एवं आंतरिक दोनों ही प्रकार का हो सकता है। अतः सीखना एक प्रक्रिया है जिसमें अनुभव एवं प्रशिक्षण द्वारा व्यवहार में स्थायी या अस्थाई परिवर्तन दिखाई देता है।

अधिगम की विशेषताएँ

अधिगम की विशेषताएँ इस प्रकार है

- यह एक सतत चलने वाली, समायोजित और समस्या-समाधान की प्रक्रिया है।
- यह व्यवहार परिवर्तन की प्रक्रिया है।
- यह एक मानसिक प्रक्रिया है।
- यह एक विवेकपूर्ण, अनुसन्धान और सामाजिक प्रक्रिया है।
- अधिगम सकारात्मक तथा नकारात्मक दोनों होता है।
- अधिगम एक विकसित, सार्वभौमिक और सक्रिय प्रक्रिया है।

शिक्षण एवं अधिगम में सम्बन्ध

शिक्षण एवं अधिगम एक-दूसरे से सम्बन्धित हैं शिक्षण बच्चे में अधिगम उत्पन्न करता है। अच्छे शिक्षण का अर्थ है ज्यादा – से ज्यादा अधिगम करना। प्रशिक्षण अधिगम का उद्दीपन, निर्देशन एवं प्रोत्साहन होता है। जहाँ शिक्षण को शिक्षा अधिगम प्रक्रिया का केन्द्र बिन्दु माना जाता है वहाँ अधिगम को शिक्षण के केन्द्रीय उद्देश्य माना जाता है।

शिक्षण-अधिगम प्रक्रिया के भाग

मैकडानल्ड के अनुसार, समस्त शिक्षण अधिगम प्रक्रिया के चार मुख्य भाग होते हैं।

1. पाठ्यक्रम
2. अनुदेशन
3. शिक्षण
4. अधिगम

अधिगम के आयाम या विमाएं

अधिगम के आयाम अनुदेशनात्मक योजना के लिए एक अधिगम केन्द्रित रुपरेखा या संरचना है जोकि संज्ञान और अधिगम क्षेत्र के नवीनतम शोध को व्यवहारिक कक्षागत कार्यनीतियों में परिवर्तित करते है, अधिगम आयाम की रूप-रेखा शिक्षण अधिगम प्रक्रिया के लिए निम्न परिप्रेक्ष्य में सहायक होती है।

- शिक्षण-अधिगम प्रक्रिया में अधिगम को केन्द्रीय बनाये रखने में
- अधिगम प्रक्रिया का अध्ययन करने में
- पाठ्यक्रम, अनुदेशन और आंकलन की योजना बनाये रखने में

विद्यार्थियों के व्यवहार तथा अधिगम लक्ष्यों को तीन क्षेत्रों में बाँटा जा सकता है।

1. ज्ञानात्मक
2. भावात्मक
3. क्रियात्मक

शिक्षण के द्वारा जब विद्यार्थी में व्यवहार परिवर्तन होता है तो वह व्यवहार परिवर्तन अथवा अधिगम इनमें से किसी भी क्षेत्र के साथ सम्बन्धित हो सकता है। अधिगम के अनुसार शिक्षण भी तीन प्रकार का हो सकता है

शैक्षिणक उद्देश्य एवं अधिगम

उद्देश्य	शिक्षण विधि	अधिगम
ज्ञानात्मक	भाषण	जानना
भावात्मक	नाटकीकरण	अनुभव करना

क्रियात्मक प्रयोग करना

तालिका से स्पष्ट है कि जैसा शिक्षण होगा विद्यार्थी में वैसा ही अधिगम होगा।

अधिगम के नियम

ई॰एल॰ थार्नडाइक अमेरिका का प्रसिद्ध मनोवैज्ञानिक हुआ है जिसने सीखने के कुछ नियमों की खोज की जिन्हें निम्नलिखित दो भागों में विभाजित किया गया है, जिनमे तीन मुख्य नियम और पांच गौण नियम है । सीखने के मुख्य नियम तीन है जो इस प्रकार हैं ।

1. **तत्परता का नियम:** इस नियम के अनुसार जब व्यक्ति किसी कार्य को करने के लिए पहले से तैयार रहता है तो वह कार्य उसे आनन्द देता है एवं शीघ्र ही सीख लेता है। इसके विपरीत जब व्यक्ति कार्य को करने के लिए तैयार नहीं रहता या सीखने की इच्छा नहीं होती है,तो वह बेमन जाता है या सीखने की गति धीमी होती है।इस नियम से कार्य शीघ्र होता है|

2. **अभ्यास का नियम:** इस नियम के अनुसार व्यक्ति जिस क्रिया को बार-बार करता है उस शीघ्र ही सीख जाता है तथा जिस क्रिया को छोड़ देता है या बहुत समय तक नहीं करता उसे वह भूलने लगताहै। जैसे'- गणित के सवाल हल करना, टाइप करना, साइकिल चलाना आदि। इसे उपयोग तथा अनुपयोग का नियम भी कहते हैं। इस नियम से कार्य कुशलता आती है

3. **प्रभाव का नियम:** इस नियम के अनुसार जीवन में जिस कार्य को करने पर व्यक्ति पर अच्छा प्रभाव पड़ता है या सुख का या संतोष मिलता है उन्हें वह सीखने का प्रयत्न करता है एवं जिन कार्यों को करने पर व्यक्ति पर बुरा प्रभाव पडता है उन्हें वह करना छोड़ देता है। इस नियम को सुख तथा दुःख या पुरस्कार तथा दण्ड का नियम भी कहा जाता है।

गौण के नियम

1. **बहु अनुक्रिया नियम:** इस नियम के अनुसार व्यक्ति के सामने किसी नई समस्या के आने पर उसे सुलझाने के लिए वह विभिन्न प्रतिक्रियाओं के हल ढूढने का प्रयत्न करता है। वह प्रतिक्रियायें तब तक करता रहता है जब तक समस्या का सही हल न खोज ले और उसकी समस्यासुलझ नहीं जाती। इससे उसे संतोष मिलता है थार्नडाइक का प्रयत्न एवं भूल द्वारा सीखने का सिद्धान्त इसी नियम पर आधारित है।

2. **मानसिक स्थिति या मनोवृत्ति का नियम:** इस नियम के अनुसार जब व्यक्ति सीखने के लिए मानसिक रूप से तैयार रहता है तो वह शीघ्र ही सीख लेता है। इसके विपरीत यदि व्यक्ति मानसिक रूप से किसी कार्य को सीखने के लिए तैयार नहीं रहता तो उस कार्य को वह सीख नहीं सकेगा।

3. **आंशिक क्रिया का नियम:** इस नियम के अनुसार व्यक्ति किसी समस्या को सुलझाने के लिए अनेक क्रियायें प्रयत्न एवं भूल के आधार पर करता है। वह अपनी अंर्तदृष्टि का उपयोग कर आंषिक क्रियाओं की सहायता से समस्या का हल ढूढ़ लेता है।

4. **समानता का नियम:** इस नियम के अनुसार किसी समस्या के प्रस्तुत होने पर व्यक्ति पूर्व अनुभव या परिस्थितियों में समानता पाये जाने पर उसके अनुभव स्वतः ही स्थानांतरित होकर सीखने में मद्द करते हैं।

5. **साहचर्य परिवर्तन का नियम:** इस नियम के अनुसार व्यक्ति प्राप्त ज्ञान का उपयोग अन्य परिस्थिति में या सहचारी उद्दीपक वस्तु के प्रति भी करने लगता है। जैसे-कुत्ते के मुह से भोजन सामग्री को देख कर लार टपकरने लगती है। परन्तु कुछ समय के बाद भोजन के बर्तनको ही देख कर लार टपकने लगती है।

अधिगम प्रक्रिया को प्रभावित करने वाले कारक

अधिगम को प्रभावित करने वाले कारकों को निम्नलिखित वर्गो में विभाजित किया जा सकता है।

1. अधिगमकर्ता से सम्बन्धित कारक
2. अध्यापक से सम्बन्धित कारक
3. विषय-वस्तु से सम्बन्धित कारक
4. प्रक्रिया से सम्बन्धित कारक

अधिगमकर्ता से सम्बन्धित कारक: अधिगमकर्ता का शारीरिक एवं मानसिक स्वास्थ्य कैसा है, उसकी क्षमता कितनी है, वह तीव्र या मंद बुद्धि का है, वह कितना जिज्ञासु है, वह क्या हासिल करना चाहता है, उसके जीवन का उद्देश्य क्या है,आदि इन बातों पर उसके सीखने की गति, इच्छा एवं रुचि निर्भर करती है।

अध्यापक से सम्बन्धित कारक: अधिगम की प्रक्रिया को प्रभावित करने में शिक्षक की भूमिका महत्वपूर्ण होती है। अध्यापक का विषय पर कितना अधिकार है, यह शिक्षण कला में कितना योग्य है? उसका व्यक्तित्व एवं व्यवहार कैसा है, वह अधिगम के लिए उचित वातावरण तैयार कर रह है या नही, इन सबका प्रभाव बालक के अधिगम, इसकी मात्रा एवं इसकी गति पर पड़ता है। अध्यापक के शारीरिक एवं मानसिक स्वास्थ्य का भी बालक के अधिगम से सीधा समबन्ध होता है। एक स्वस्थ शिक्षक ही सही ढंग से बच्चों को पढ़ा सकता है।

विषय-वस्तु से सम्बन्धित कारक: अधिगम की प्रक्रिया में यदि विषय बालक अनुकूल न हों तो इसका अधिगम पर भी प्रभाव पड़ता है। विषय-वस्तु बालक की रुचि के अनुकूल है या नहीं, उस विषय की प्रस्तुति किस ढंग से की गयी है, इन सब बातों को प्रभाव बालक के अधिगम पर पड़ता है।
प्रक्रिया से सम्बन्धित कारक: विषय-वस्तु को यदि सुव्यवस्थित तरीके से प्रस्तुत नही किया जाए, तो बालक को इसे समझने में कठिनाई होती है। सतत अभ्यास के द्वारा ही किसी विषय-वस्तु को पूर्णतः समझा जा सकता है, शिक्षण अधिगम सम्बन्धी परिस्थितियाँ एवं वातावरण बालक को ज्ञान प्राप्त करने के लिए प्रेरित करता है जिससे उसके अधिगम की गति स्वतः बढ़ जाती है।

अधिगम का महत्त्व:

अधिगम इसलिए महत्वपूर्ण है क्योंकि यह बुद्धि और विकास में सहायक है, यह जीवन की आवश्यकतायों को समझने, वातावरण को अनुकूल बनाने, ज्ञान प्राप्त करने और हमें कुशल एव योग्य बनाने में सहायक है।

भाषा किसे कहते हैं?

भाषा एक संकेतिक साधन है जिसके माध्यम से बालक अपने विचारों एवं भावों को संप्रेषित करता है तथा दूसरे के विचारों एवं भाव को समझता है।

भाषायी योग्यता के अंतर्गत **मौखिक अभिव्यक्ति, सांकेतिक अभिव्यक्ति, लिखित अभिव्यक्ति** इत्यादि आते हैं।

भाषा अधिगम किसे कहते हैं? [Bhasha Adhigam kya hai]

भाषा को सीखना भाषा अधिगम का अर्थ है। हम कह सकते हैं कि मनुष्य अपने विचारों को अभिव्यक्त करने एवं समाज एवं परिवेश के साथ सामंजस्य स्थापित करने के लिए जिस प्रक्रिया द्वारा अपनी भाषा क्षमता का विकास करता है, **वह प्रक्रिया भाषा अधिगम कहलाती है।**

भाषा अर्जन किसे कहते हैं? [Bhasha arjan kya hai]

सीखे हुए भाषा को ग्रहण करने की प्रक्रिया एवं उसे समझने की क्षमता अर्पित करना तथा उसे दैनिक जीवन में प्रयोग में लाने को भाषा अर्जन कहते हैं।

भाषा का अर्जन **अनुकरण** के द्वारा होता है। बालक अपने वातावरण में, अपने परिवेश में जिस प्रकार लोगों को बोलते हुए सुनता है या लिखते हुए देखता है, वह उसे ही अनुकरण करने का प्रयास करता है।

भाषा अधिगम एवं भाषा अर्जन के संदर्भ में विभिन्न विद्वानों के विचार :-

चॉम्स्की के अनुसार :- भाषा सीखे जाने के क्रम में, वैज्ञानिक की खोज भी साथ-साथ चलती रहती है। इस अवधारणा से आंकड़ों का अवलोकन, वर्गीकरण, संकल्पना निर्माण वह उसका सत्यापन अथवा असत्यता और इस धारणा का शिक्षाशास्त्र के क्षेत्र में महत्वपूर्ण योगदान लिया जा सकता था।

चॉम्स्की के अनुसार बच्चों में भाषा सीखने की क्षमता जन्मजात होती है।

जीन पियाजे के अनुसार :- भाषा ने संज्ञानात्मक तंत्रों की भांति परिवेश के साथ अंतः क्रिया के माध्यम से ही विकसित होती है।

वाइगोत्सकी के अनुसार :- बच्चे की भाषा समाज के साथ संपर्क का ही परिणाम है। बच्चा अपनी भाषा के विकास के दौरान दो प्रकार की बोली बोलता है- **पहले आत्मकेंद्रित और दूसरी सामाजिक**। आत्मकेंद्रित भाषा के माध्यम से बालक अपने आप से संवाद करता है, जबकि सामाजिक भाषा के माध्यम से वह शेष सारी दुनिया से संवाद स्थापित करता है।

भाषा अधिगम और भाषा अर्जन को प्रभावित करने वाले कारक

बालक के भाषा अधिगम और भाषा अर्जन को विभिन्न सामाजिक व व्यक्तिगत परिस्थितियां प्रभावित करती है।

सामाजिक परिवेश

प्रसिद्ध मनोवैज्ञानिक वाइगोत्सकी का मानना है कि बालक की भाषा उसके समाज के साथ संपर्क का परिणाम होता है। समाज में जेसी भाषा का प्रयोग किया जाता है, बालक की भाषा उसी के अनुरूप निर्मित होती है। यदि समाज में अशुद्ध तथा असभ्य भाषा का प्रयोग होगा तो बालक में भी अशुद्ध तथा असभ्य भाषा होने की आशंका होगी। इस प्रकार से सामाजिक परिवेश में बालक के भाषा अधिगम एवं भाषा अर्जन को प्रभावित करती है।

भाषा अर्जन की इच्छा

बालक अपने प्रथम भाषा यानी मात्रिभाषा को सहज रूप से सीख लेता है, किंतु द्वितीय भाषा का अधिगम एवं अर्जुन उसकी भाषा सीखने के प्रति इच्छा पर निर्भर करता है।

बालक में भाषा विकास की प्रारंभिक अवस्था

बालक जन्म लेते ही रोने और चिल्लाने की चेष्टाएं करता है। रोने और चिल्लाने की चेष्टाओं के साथ-साथ वह अन्य आवाज में भी निकलता है। यह आवाजे पूर्ण रूप से स्वाभाविक, स्वचालित एवं नैसर्गिक होती है, इन्हें सीखा नहीं जाता।

उपरोक्त क्रियाओं के बाद बालक में बड़बड़ाने की क्रियाएं प्रारंभ हो जाती है। इस बड़बड़ाने के माध्यम से बालक में स्वर तथा व्यंजन ध्वनियों के अभ्यास का अवसर आते हैं।

शब्द भंडार का विकास

बालकों की आयु	बालको का शब्द भंडार
जन्म से 8 माह तक	0
9 माह से 12 माह तक	तीन से चार शब्द
डेढ़ वर्ष तक	10 या 12 शब्द
2 वर्ष तक	272 शब्द
ढाई वर्ष तक	450 शब्द
3 वर्ष तक	1000 शब्द
साढ़े 3 वर्ष तक	1250 शब्द
4 वर्ष तक	1600 शब्द
5 वर्ष तक	2100 शब्द
11 वर्ष तक	50,000 शब्द
14 वर्ष तक	80000 शब्द
16 वर्ष से आगे	एक लाख से अधिक शब्द

भाषा अध्यापन के सिद्धांत।

भाषा अर्जन के प्रमुख सिद्धांत (Major Theories of Language Acquisition)

मनोवैज्ञानिकों, शिक्षाशास्त्रियों, भाषा संबंधी दार्शनिक चिंतकों, तर्कशास्त्रियों और मनोभाषावैज्ञानिकों के लिए यह गहन चिंतन का विषय रहा है कि मानव शिशु भाषा कैसे सीखता है। इस प्रश्न का उत्तर अलग-अलग प्रकार के चिंतकों द्वारा अपनी-अपनी विश्लेषण पद्धतियों के अनुरूप दिया गया है। अध्ययन-अध्यापन की दृष्टि से हम उन्हें भाषा अर्जन के विविध सिद्धांतों के रूप में जानते हैं। इस प्रकार के प्रमुख सिद्धांत निम्नलिखित हैं-

(क) व्यवहारवादी सिद्धांत- भाषा अर्जन का व्यवहारवादी सिद्धांत यह मानता है कि मानव शिशु अपने परिवेश में होने वाले व्यवहार से ही अपनी मातृभाषा का अर्जन करता है। मनोविज्ञान में व्यवहारवाद के जनक जॉन बी. वॉटसन (John B. Watson) को माना जाता है। उन्होंने कहा है कि ज्ञान प्राप्ति का एक मात्र उपकरण वास्तविक व्यवहार (स्थूल संसार) है। उन्होंने मस्तिष्क और चेतना जैसी चीजों को एक धार्मिक अंधविश्वास मात्र माना है।

वाटसन के अलावा अन्य व्यवहारवादियों में बी.एफ. स्कीनर और ऑसगुड का नाम प्रमुख है। ये दोनों ही विद्वान मस्तिष्क की सत्ता तो स्वीकार करते हैं, किंतु इसे शक्तिहीन मानते हैं। इनका भी यही मानना है कि मानव शिशु अपने सामाजिक परिवेश में व्यवहार से ही भाषा सीखता है। बी.एफ. स्कीनर का व्यवहारवाद के क्षेत्र में विशेष रूप से उल्लेख किया जाता है। उनका मानना है कि किसी भी अंग या तंत्र (organism) के व्यवहार को उस अंग या तंत्र तथा परिवेश की अंतरक्रिया का अध्ययन करते हुए सैद्धांतिक रूप में प्रतिपादित करते हुए समझाया जा सकता है।

भाषावैज्ञानिकों में सबसे बड़े संरचनावादी भाषावैज्ञानिक एल. ब्लूमफील्ड द्वारा व्यवहारवादी सिद्धांत का समर्थन किया गया है। उन्होंने भी माना है कि मानव शिशु अपने व्यवहार से ही भाषा को सीखता है। उन्होंने भाषा को उद्दीपन आधारित अनुक्रिया कहा है।

(ख) मनोवादी सिद्धांत- व्यवहारवादी सिद्धांत के विपरीत मनोवादी सिद्धांत मनुष्य के पास मन जैसी इकाई होती है। भाषावैज्ञानिकों में नोएम चॉम्स्की को मनोवादी माना जाता है। उन्होंने न केवल मानव मन की संकल्पना को स्वीकार किया है, बल्कि यह भी माना है मानव शिशु अपने मन में भाषा सीखने की सहजात क्षमता लेकर पैदा होता है। इस क्षमता को एक इकाई मानते हुए उन्होंने इसे 'भाषा अर्जन युक्ति' (Language Acquisition Device-LAD) नाम दिया है। उनका मानना है कि मानव शिशु के जन्म होने के बाद 04 वर्षों तक में यही युक्ति सक्रिय हो जाती है और वह अपने हिसाब से विविध प्रकार के वाक्यों का निर्माण आरंभ कर देता है।

इस क्रम में चॉम्स्की द्वारा भाषा सार्वभौम (Language Universals) की संकल्पना दी गई है, जिससे हम सब परिचित हैं।

(ग) जैववादी सिद्धांत (Biological Nativist)- जैववादी भाषावैज्ञानिक यह मानते हैं कि मानव शिशु में भाषा अर्जन की जैविक या स्वाभाविक क्षमता होती है। यह सिद्धांत एक प्रकार से मनोवादी सिद्धांत का समर्थक या दूसरा रूप है।

(घ) संज्ञानात्मक अंतरक्रियावादी सिद्धांत (**Cognitive Interactionalist**)- इसे भाषा अर्जन का संज्ञानात्मक सिद्धांत भी कहते हैं। ऊपर हम लोगों ने मन और संज्ञान की चर्चा की और यह जाना कि संज्ञान मन की ही एक विशेष इकाई है, जो भाषा से जड़ीभूत रूप से जुड़ी हुई है। इस सिद्धांत के अनुसार मनुष्य के मस्तिष्क की प्रकृति स्थूल जगत से भिन्न होती है। मानव मस्तिष्क के अंदर समझ और चेतना (understanding and consciousness) का एक स्तर होता है जो मनुष्य की बुद्धिमत्ता (intellectuality) और भाषा को समझने के लिए आवश्यक है। इसे ही संज्ञान के रूप में बताया गया है।

अधिकतर आधुनिक मनोवैज्ञानिक और भाषावैज्ञानिक संज्ञानात्मकतावाद का समर्थन करते हुए देखे जा सकते हैं। वे मानव मस्तिष्क की कार्यप्रणाली और बच्चों में भाषा विकास को समझने के लिए शरीर और मस्तिष्क की अंतःक्रिया के अध्ययन पर बल देते हैं। उदाहरण के लिए विडोसन की अंतःक्रियात्मक विधि (Interactional method) संप्रेषण में प्रयुक्त अंतःवैयक्तिक संबंधों को केंद्र में रखकर संरचना और प्रकार्य के अंतःसंबंधों की दक्षता उत्पन्न करने के पक्ष में है।

Interactionalism- इसके अनुसार मनुष्य में शरीर और मस्तिष्क एक-दूसरे के साथ अंतःक्रिया (interaction) करते हैं। अतः दोनों एक दूसरे को नियंत्रित (control) भी करते हैं। इनके बीच कुछ मुक्त इच्छाएँ (free will) भी होती हैं।

भाषा शिक्षण के सिद्धांत

लक पाँच या छः वर्ष की आयु में अपने घर से सीधे विद्यालय आता है। इस समय बालक केवल अपनी मातृभाषा जानता है जो कि एक बोली भी हो सकती है। अतः शिक्षक का दायित्व बनता है कि वह बालक को मानक भाषा सिखाये। बालक को हिन्दी भाषा के अतिरिक्त संस्कृत एवं अंग्रेजी भाषा का ज्ञान भी कराना आवश्यक है। शिक्षक को भाषा के अध्यापन कराने हेतु **भाषा शिक्षण के सिद्धांत (Principles of Language teaching)** का पालन करते हुए इनका प्रयोग करना चाहिए।

भाषा शिक्षा के सिद्धांत-(Principles of Language teaching)

भाषा शिक्षण के सिद्धांत निम्न लिखित हैं-

(1) इन्द्रियों द्वारा सिखाने का सिद्धांत।
(2) क्रिया- द्वारा सिखाने का सिद्धांत।
(3) मूर्त से अमूर्त की ओर लेकर सिखाने का सिध्दांत।
(4) आगमन विधि से सिखाने का सिद्धांत।
(5) विषय वस्तु के आकर्षण पैदा करके सिखाने का सिद्धांत।
(6) प्रकृति अनुसरण का सिद्धांत।
(7) अभिप्रेरणा का सिद्धांत।
(8) अनुकरण का सिद्धांत।
(9) अवसर देकर सिखाने का सिद्धांत।
(10) परिस्थिति निर्मित कर सिखाने का सिद्धांत।
(11) अभ्यास का सिद्धांत।
(12) व्यक्तिगत तौर पर सिखाने का सिद्धांत।
(13) स्वाभाविकता का सिद्धांत।
(14) उत्प्रेरणम या रूचि का सिद्धांत।
(15) उपयुक्त क्रम का सिद्धांत।

(1) इन्द्रियों द्वारा सिखाने का सिद्धांत- (Principle of learning by senses)

इस सिद्धांत के अनुसार शिक्षक द्वारा सबसे पहले जिह्वा अर्थात मुख एवं कान का प्रयोग सुनना एवं बोलना के द्वारा भाषा का ज्ञान कराया जाता है। तत्पश्चात आंँखें एवं हाथों का प्रयोग देखकर लिखने के लिए बालक को प्रेरित किया जाता है।

(2) क्रिया (क्रिया-कलाप) से सिखाने का सिद्धांत-(Principle of learning by doing)

इस सिद्धांत के अनुसार बालक को भाषा चाहे अंग्रेजी हो, हिन्दी हो या संस्कृत को सिखाने के लिए उसे स्वयं बोलकर सीखने के लिए प्रेरित किया जाता है। इस विधि में शिक्षक जिस प्रकार बोलता है उसी तरह स्वयं बोलने का अभ्यास करके बालक सीखता है।

(3) मूर्त से अमूर्त की ओर सिखाने का सिद्धांत-(Principle of proceed from the concreat to abstract)

इस सिध्दांत के अनुसार बालक को भाषा ज्ञान कराने के लिए पहले मूर्त अर्थात जिन वस्तुओं की आकृति (आकार प्रकार) होती है उनके बारे में अभिव्यक्ति करना सिखाया जाता है। इस तरह बालक का शब्द भंडार बढ़ता जाता है। बाद में बालक के शब्द भण्डार बढ़ाने हेतु भाव प्रधान अर्थात अमूर्त बातों की अभिव्यक्ति का अवसर दिये जाते हैं।

(4) आगमन विधि से सिखाने का सिध्दांत-Principle of inductive method)
इस सिद्धांतानुसार बालकों को व्याकरण आदि के नियम व बताकर ऐसे बहुत सारे उदाहरण उसके सामने रखे जाते हैं जिससे बालकों के समक्ष उदाहरणों से नियम अपने आप बन जाते हैं।

(**5) विषय-वस्तु में आकर्षण पैदा कर सिखाने का सिध्दांत**-(Principle of making a subject matter interesting and atbrctive)
इस सिध्दांत के अनुसार बालकों को भाषा का अध्यापन कराने हेतु किसी भी भाषा की विषय वस्तु चाहे लोकोक्ति-मुहावरे हों चाहे प्रत्यय-उपसर्ग लगाकर नये शब्द निर्माण की बात हो, विषयवस्तु में आकर्षण पैदा कर उसे रुचिकर बनाकर पढ़ाया जाता है तो बालक शीघ्र सीखने लगता है।

(6) प्रकृति अनुशरण का सिध्दांत-(Principle of follow the nature)
हम देखते हैं कि बालक अपनी मातृभाषा स्वतः ही सीख जाता है अर्थात उसके घर का वातावरण प्राकृतिक रूप से उसी प्रकार होता है एवं घर के सभी सदस्य एक ही भाषा का प्रयोग करते हैं इसलिए बालक अनुकरण के माध्यम से शीघ्र ही वह भाषा सीख जाता है। यदि हम बालक को जिस किसी भी भाषा को सिखाना चाहते हों उस भाषा के वातावरण का निर्माण घर या विद्यालय में प्राकृतिक रूप से होना चाहिए। उस भाषा का प्रयोग सामान्यतः बोलने में होना चाहिए जिससे बालक स्वतः प्राकृतिक रूप से अनुसरण करके सीख जायेगा।

(7) अभिप्रेरणा का सिद्धांत-(Principle of motivation)
किसी भी बालक को किसी भी कार्य में दक्ष किया जा सकता है यदि उसे किसी के द्वारा अभिप्रेरित या उत्प्रेरित किया जाये। यही बात भाषा सीखने पर भी लागू होती है। यदि आप बालक को संस्कृत, अंग्रेजी या हिन्दी आदि में से किसी भी भाषा सिखाना चाहते हैं तो आप विषय की किसी भी विषय वस्तु को सिखाने के लिए बालक को प्रेरित करें, बालक अवश्य ही सीख जाता है।

(8) अनुकरण का सिद्धांत-(Principle of imitation)
"A child learns his mother-tongue easily by way of imitation. So the Hindi, English or Sanskrit languages should be taught to boy on the same principle." (एक बालक सामान्य रूप से अनुकरण करके अपनी मातृभाषा सरलता से सीखता है। इस तरह हिन्दी, अंग्रेजी या संस्कृत भाषा को इस सिद्धांत के द्वारा सिखाया जाना चाहिए।) अनुकरण करके बच्चा सबसे ज्यादा सीखता है शर्त यह है कि शिक्षक स्वयं उस भाषा में दक्ष हो एवं वह स्वयं भाषा का प्रयोग सदैव करता हो।

(9) अवसर प्रदान कर सिखाने का सिद्धांत-(Principle of giving opportunities)
बालक भाषा या भाषा की किसी विषयवस्तु को शीघ्र सीखने का प्रयत्न करता है यदि उसे पर्याप्त अवसर (opportunities) दिये जाते हैं। शिक्षक को अपनी कक्षा में अपनी मातृभाषा मे बोलने का

पूरा अवसर प्रदान करना चाहिए एवं उस भाषा से अंग्रेजी या संस्कृत के शब्दों को कि वह सीख रहा है उनको बोलने का अवसर देना चाहिए।

(10) परिस्थिति निर्मित कर सिखाने का सिद्धांत-(Principle of making situation for learning)

इस सिद्धांत के अनुसार यदि शिक्षक किसी भाषा को सिखाना चाहता है तो उसे अपने विद्यालय में भाषा ग्रहण करने से सम्बंधित परिस्थितियाँ निर्मित करना होगा ताकि बालक भाषा को सीख सके। मातृभाषा बालक आसानी से सीख लेता है क्योंकि घर में इस तरह की परिस्थितियाँ होती हैं। घर की अनेक वस्तुओं के बारे में सभी सदस्य अपने भाव व्यक्त करते हैं, बालक भी उनका अनुकरण करके अपना सम्प्रेषण करना शुरू कर देता है। उदाहरण के लिए यदि हम अंग्रेजी भाषा सिखाना चाहते हैं तो हमें अंग्रेजी बोलने के लिए परिस्थिति का निर्माण करना होगा।

(11) अभ्यास का सिध्दांत-(Principle of Exercise)

बालक किसी भी भाषा को अभ्यास के द्वारा बड़ी आसानी से सीख सकता है। यदि शिक्षक भाषा की अलग-अलग विषय वस्तु हेतु अभ्यास के लिए बालकों को कार्य दे। यदि अंग्रेजी या संस्कृत भाषा सिखाना हो तो बालक को अपने दैनिक जीवन में इन भाषाओं के वाक्यों को बोलकर अभ्यास कार्य कर भाषा आसानी से सिखाया जा सकता है।

(12) व्यक्तिगत तौर पर सिखाने का सिद्धांत-(Principle of personally Teaching)

यह बात सर्वमान्य है कि प्रत्येक व्यक्ति में सीखने का स्तर अलग-अलग होता है। अत: बालकों में ये भिन्नताओं के कारण शिक्षक बालकों को व्यक्तिगत तौर पर सिखाने का कार्य करता है जिससे बालक भाषा की विविध विषय वस्तु जैसे लोकोक्ति, मुहावरे, विराम चिह्न प्रयोग, वर्तनी शुद्धता आदि का आसानी से व्यक्तिगत त्रुटि को दूर करते हुए सीख सकते हैं।

(13) स्वाभाविकता का सिद्धांत-(Naturality principle)

इस सिद्धांत के अनुसार बालक स्वाभाविक रूप से सीखता है उसे सिखाने में शिक्षक मदद अवश्य करता है। जैसे घर में बालक पहले 'रोटी' को 'लोती' या पानी को 'मम' कहता है परन्तु धीरे-धीरे परिवार के बीच स्वाभाविक रूप से वह शुद्ध शब्द बोलना सीख जाता है। विद्यालय में शिक्षक द्वारा बालकों को स्वाभाविक रूप से सीखने का अवसर देना चाहिए। बालक की मातृभाषा में सबसे पहले वह वाक्यों के माध्यम से अपने भावों को व्यक्त करता है फिर शब्दों को जानता है। उसी तरह जब बालक प्रारम्भ में विद्यालय आता है तो उसे भाषा के वाक्यों को सिखाया जाना चाहिए फिर शब्द व अन्त में वर्ण आदि। यही क्रम सिखाने के लिए उपयोगी है।

(14) उत्प्रेरणा या रूचि का सिद्धांत- (Principle of Stimnlas)

इस सिद्धांत के अनुसार बालक को किसी कार्य को करने लिए अभिप्रेरित या उत्प्रेरित किया जाता है। यदि बालक को सामान्य रूप से कोई कार्य करने को कहें तो वह करने में रूचि नहीं लेता परन्तु जब उसे उत्प्रेरित किया जाता है तो वह कार्य रूचि के साथ करने लगता है। उदाहरण के तौर पर जब हम बच्चों को ग्राउन्ड का कचरा फेंकने के कहते हैं तो वह रूचि के साथ नहीं फेंकता परन्तु जब यह कहा जाता है कि देखते हैं कौन सबसे ज्यादा कचरा फेंकता तो सभी बालक शीघ्र काम में जुट जाते हैं।इसी तरह भाषा सिखाने हेतु बालकों को उत्प्रेरित किया जाना चाहिए।

(15) उपयुक्त क्रम का सिद्धांत-(Principle of serial)

उपयुक्त क्रम के सिद्धांतानुसार बालक को भाषा की अर्थ ग्राहता कराते हैं तब बालक भाव प्रकाशन या अभिव्यक्ति करता है। यदि हम भाषा सिखाने के उपयुक्त क्रम का ध्यान रखकर अध्यापन कराते हैं तो बालक की पकड़ शीघ्र ही भाषा के उपर हो जाती है।

इस तरह से उपर्युक्त भाषा शिक्षण के सिद्धांतों का पालन करके एक शिक्षक अपने विद्यार्थियों में भाषा शिक्षण में चार चाँद लगा सकता है।

सुनने और बोलने की भूमिकाः भाषा का कार्य तथा बालक इसे किस प्रकार एक उपकरण के रूप में प्रयोग करते हैं।

भाषा के माध्यम से मानव जीवन अर्थपूर्ण हुआ है। भाषा मानव जीवन को सरल और सहज बनाने में महत्वपूर्ण है। भाषा के माध्यम से व्यक्ति अपने विचार और भाव प्रकट कर सकता है। मानव ईश्वर की बनाई हुई अन्य रचनाओं में से श्रेष्ठ इसलिए है क्योंकि उसे भाषा कौशल का ज्ञान है।भाषा बौद्धिक क्षमता को भी व्यक्त करती है। भाषा एक ऐसी कला है जिसे अन्य कलाओं की भांति सीखा जा सकता है और उसमें निपुणता हासिल की जा सकती है।

भाषा को श्रवण एवमं वाचक द्वारा ग्रहण किया जा सकता है। भाषा में दिन-प्रतिदिन नित नए विकास होते रहते है। भाषा में चार प्रकार के कौशल होते है श्रवण कौशल, वाचिक कौशल, लेखन कौशल और पठन कौशल। श्रवण कौशल और वाचक कौशल, भाषा कौशल के प्रथम चरण में आते है।

भाषा के माध्यम से मानव जीवन अर्थपूर्ण हुआ है। भाषा मानव जीवन को सरल और सहज बनाने में महत्वपूर्ण है। भाषा के माध्यम से व्यक्ति अपने विचार और भाव प्रकट कर सकता है। मानव ईश्वर की बनाई हुई अन्य रचनाओं में से श्रेष्ठ इसलिए है क्योंकि उसे भाषा कौशल का ज्ञान है।भाषा बौद्धिक क्षमता को भी व्यक्त करती है। भाषा एक ऐसी कला है जिसे अन्य कलाओं की भांति सीखा जा सकता है और उसमें निपुणता हासिल की जा सकती है।

भाषा को श्रवण एवमं वाचक द्वारा ग्रहण किया जा सकता है। भाषा में दिन-प्रतिदिन नित नए विकास होते रहते है। भाषा में चार प्रकार के कौशल होते है श्रवण कौशल, वाचिक कौशल, लेखन कौशल और पठन कौशल। श्रवण कौशल और वाचक कौशल, भाषा कौशल के प्रथम चरण में आते है।

श्रवण कौशल की भूमिका:

- श्रवण कौशल का अर्थ है कानों द्वारा सुनना। इस प्रक्रिया में किसी दूसरे व्यक्ति द्वारा कही गई बात को सुनते है और उसका भाव ग्रहण करते है। यह शिक्षा के आदान-प्रदान का महत्वपूर्ण भाग है। इसमें व्यक्ति कविता, कहानी, भाषण वाद-विवाद, वार्तालाप आदि का ज्ञान सुनकर ही प्राप्त करता है और उसका अर्थ भी ग्रहण करता है। यदि व्यक्ति की श्रवण इन्द्रियों में दोष है, तो वह न तो भाषा सीख सकता है और न अपने मनोभावों को व्यक्त कर सकता है। अत: उसका भाषा ज्ञान शून्य के बराबर ही रहेगा। बालक सुनकर ही अनुकरण द्वारा भाषा ज्ञान अर्जित करता है। श्रवण कौशल भाषा के विकास का आधार है इसमें महत्वपूर्ण भूमिका भी निभाता है।

- श्रवण कौशल के माध्यम से छात्र शब्दों का सही उच्चारण सीखता है। जब व्यक्ति किसी शब्द को सुनता है और समझता है तब ही वह उस शब्द से संबंधित सही अर्थ को समझता है। व्यक्ति शब्दों का सही उच्चारण कर रहा है या नहीं यह श्रवण कौशल के माध्यम से साफ होता है। इसके परिणामस्वरूप उसके भाषा सम्बंधी कौशल में विकास होता है।

- श्रवण कौशल में व्यक्ति रोज नए शब्दों को सुनता है और अपने भाषायी ज्ञान में विकास करता है। इस कौशल से व्यक्ति अपने शब्दकोश में वृद्धि करता है जिसके माध्यम से उसके भाषा कौशल में विकास होता है।

- सुनकर व्यक्ति अधिक से अधिक ज्ञान अर्जित कर सकता है, यह ऐसी प्रक्रिया है जिसमें व्यक्ति दिन-प्रति दिन बिना किसी रूकावट के ज्ञान प्राप्त कर सकता है और उस ज्ञान को अपने विवेकानुसार प्रयोग कर सकता है। छात्र रेडियो, मोबाइल, टीवी, ओडियो कैसेट जैसे उपकरणों के माध्यम से सामाजिक व्यवहारिक जानकारियां प्राप्त कर सकता है।

- सुनने की प्रक्रिया के माध्यम से व्यक्ति दूसरों के भावों, विचारों, अभिव्यक्तियों को ग्रहण कर सकता है। ध्वनि व्यक्ति के मस्तिष्क में एक छाप छोड़ती है जिससे उस विशेष शब्द से संबंधित ध्वनि व्यक्ति को स्मरण रह जाती है।

वाचिक कौशल की भूमिका:

- बोलकर व्यक्ति अपनी अभिव्यक्ति, मनोभावों को प्रकट करता है। इस प्रक्रिया में व्यक्ति बोलकर लोगों से संवाद स्थापित करता है। साथ ही संचार की प्रक्रिया पूर्ण होती है। वाचिक कौशल में निपुणता से छात्र मे आत्मविश्वास उत्पन्न होता है जो कि शिक्षण और बच्चे के सम्पूर्ण विकास के लिए अत्यंत आवश्यक है।

- वाचिक कौशल से यह पता लगाया जा सकता है कि शिक्षण प्रक्रिया में कोई त्रुटि तो नहीं है। वाचिक कौशल से मूल्यांकन प्रक्रिया में सहायता मिलती है। इसके माध्यम से अध्यापक छात्र की भाषा से संबंधित त्रुटियों का पता लगा सकता है। और शिक्षण के दौरान उन त्रुटियों को दूर करके छात्र को निपुण बना सकता है।

- आधुनिक युग में समाज में अपनी छवि को बनाने के लिए और स्वयं को प्रस्तुत करने के लिए आत्मविश्वास का होना बहूत जरूरी है। यह आत्मविश्वास छात्र में वाचिक कौशल में निपुणता से प्राप्त होता है। इससे छात्र झिझक को खत्म कर आगे कदम बढ़ाता है। जब तक छात्र अपने विचार अभिव्यक्त करना नहीं सिखता है तब तक उसमें भाषा का विकास नहीं होता। वाचिक कौशल में

कक्षा में ही सुधार किया जाता है। कक्षा में छात्र संकोच समाप्त करके बोलना आरम्भ करता है और विभिन्न विषयों पर वाद-विवाद करता है। जिससे उसका शिक्षण विकास होता है।

- बोलने के माध्यम से छात्र भाषा प्रवाह में प्रवीणता और निपुणता हासिल करता है। भाषा में उसकी दक्षता और मजबूत होती है। भाषा विकास में बोलने का काफी महत्व है। भाषण, वाद-विवाद प्रतियोगिता, प्रश्नोत्तरी के माध्यम से शिक्षण प्रक्रिया को सुदृढ़ बनाता है। यह बालक को मौखिक अभिव्यक्ति के लिए प्रेरित करता है जो उसके भाषा विकास में महत्वपूर्ण भूमिका निभाता है। भाषा का विकास प्रतिदिन होता है यदि बोलने का कौशल छात्र में विकसित नहीं होता तो इस स्थिति में सीखने की प्रक्रिया बहुत धीमी हो जाती है।

भाषा ग्रहणशीलता क्या है?

(1) भाषा ग्रहणशीलता के बारे में बात करें तो नाम से ही स्पष्ट है कि भाषा को सीखने के लिए एक बालक के अन्दर की खूबियाँ जिससे बालक भाषा को ग्रहण करता है। दूसरे शब्दों में कहें तो बालक की क्षमताएं‍ँ जिनके बल पर बालक भाषा को ग्रहण करता है या किसी बालक को भाषा सिखाने के लिए ऐसे कौन-कौन से साधन है जिनके द्वारा बालक आसानी से भाषा को ग्रहण कर सकता है।

(2) इन्द्रियाँ- बालक में भाषा ग्रहण करने हेतु आवश्यक बात यह है कि उसकी समस्त इन्द्रियाँ जैसे **जिह्वा, कान, आँखें** सभी समुचित ढंग से कार्य करना चाहिए। इनके बिना बालक भाषा को समुचित ढंग से ग्रहण नहीं कर पाता। यदि एक बालक गूँगा है तो उसमें भाषा का विकास करना कैसे सम्भव है। इसी तरह यदि एक बालक बहरा है जो सुन नहीं सकता तब वह भाषा को किस तरह ग्रहण कर सकता है। अतः भाषा ग्रहणशीलता बालक की समस्त **इन्द्रियों** पर निर्भर करती है।

(3) परिवेश या वातावरण- एक बालक की ग्रहणशीलता उसके परिवेश या वातावरण पर निर्भर करती है एक बालक तभी भाषा या विषय वस्तु को ग्रहण करता है जब उसे उचित वातावरण या माहौल मिले। बिना माहौल के उसे सिखा पाना सम्भव नहीं है।

भाषा ग्रहणशीलता क्या है?

भाषा ग्रहणशीलता के बारे में बात करें तो नाम से ही स्पष्ट है कि भाषा को सीखने के लिए एक बालक के अन्दर की खूबियाँ जिससे बालक भाषा को ग्रहण करता है। दूसरे शब्दों में कहें तो बालक की क्षमताएं‍ँ जिनके बल पर बालक भाषा को ग्रहण करता है या किसी बालक को भाषा सिखाने के लिए ऐसे कौन-कौन से साधन है जिनके द्वारा बालक आसानी से भाषा को ग्रहण कर सकता है।

भाषा ग्रहण करने हेतु तत्व

एक बालक भाषा को शीघ्रता से ग्रहण कर ले इस हेतु बालक के अन्दर किन-किन खूबियों का होना अनिवार्य है। ये तत्व निम्न लिखित हैं।

(1) बुद्धि तत्व - एक बालक के अन्दर जितनी बुद्धि होगी अर्थात् बालक का मानसिक स्तर जितना ऊँचा होगा बालक की ग्रहणशीलता उतनी ही अधिक होगी।

(2) इन्द्रियाँ- बालक में भाषा ग्रहण करने हेतु आवश्यक बात यह है कि उसकी समस्त इन्द्रियाँ जैसे **जिह्वा, कान, आँखें** सभी समुचित ढंग से कार्य करना चाहिए। इनके बिना बालक भाषा को समुचित ढंग से ग्रहण नहीं कर पाता। यदि एक बालक गूँगा है तो उसमें भाषा का विकास करना कैसे सम्भव है। इसी तरह यदि एक बालक बहरा है जो सुन नहीं सकता तब वह भाषा को किस तरह ग्रहण कर सकता है। अतः भाषा ग्रहणशीलता बालक की समस्त **इन्द्रियों** पर निर्भर करती है।

(3) परिवेश या वातावरण- एक बालक की ग्रहणशीलता उसके परिवेश या वातावरण पर निर्भर करती है एक बालक तभी भाषा या विषय वस्तु को ग्रहण करता है जब उसे उचित वातावरण या माहौल मिले। बिना माहौल के उसे सिखा पाना सम्भव नहीं है। उचित माहौल तैयार कर बालक को सिखाना बड़ा आसान होता है।

(4) बालक की उत्सुकता एवं जिज्ञासा- किसी बालक में भाषा या प्रकरण की ग्रहणशीलता तभी होगी जब उस बालक में उत्सुकता रहेगी अर्थात वह प्रत्येक कार्य को करने के लिए तत्पर रहेगा साथ ही किसी बात को जानने की प्रबल इच्छा का होना भी आवश्यक है। इस हेतु शिक्षक बालकों में जिज्ञासा एवं उत्सुकता को जागृत कर सकता है।

बालकों की ग्रहणशीलता को बढ़ाने हेतु कारक

बालक को सिखाने हेतु उसकी ग्रहणशीलता को बढ़ाना परम आवश्यक है जिसके बगैर बालक का सीखना सम्भव नहीं हो पाता। ये कारक निम्न हो सकते हैं।

(1) प्रोत्साहन - बालक की ग्रहणशीलता शिक्षक या माता- पिता के प्रोत्साहन पर निर्भर करती है। क्योंकि बालक वे कार्य ज्यादा करना पसंद करता है जिनको करने के लिए प्रोत्साहन मिलता है।

(2) प्रशंसा- दूसरा कारक बालकों की प्रशंसा। कई अवसरों पर यह देखा जाता है कि बालक उस कार्य ज्यादा करते हैं जिनमें उनकी प्रशंसा की जाती है। वे उन कार्यों को करना छोड़ देते हैं जिसमें उसे डाँट पड़ती है। अतः सीखने को बढ़ावा देने के लिए छात्र की प्रशंसा की जानी अति आवश्यक है।

(2) बालकों का भोजन - बालकों में ग्रहणशीलता बढ़ाने के लिए उनके भोजन पर ध्यान दिया जाना परम् आवश्यक है क्योंकि कुछ बच्चे शारीरिक रूप से कमजोर होते हैं जिसके कारण उनका मानसिक विकास भी अवरुद्ध रहता है जिससे उनकी ग्रहणशीलता प्रभावित होती है। इसी कारण भारत सरकार ने ग्रामीण क्षेत्रों में रहने वाले छात्रों के अलावा शहरी क्षेत्रों के विद्यालयों में भी भरपूर मध्यान्ह भोजन की व्यवस्था की है, जिससे बालकों को पर्याप्त मात्रा में पोषक तत्व मिले एवं उनकी ग्रहणशीलता बरकरार बनी रहे।

आँगनवाड़ी केन्द्रों में बालकों को दो बार भोजन दिया जाता है जिससे उनका शरीर पुष्ट बना रहे एवं उनकी ग्रहणशीलता उत्तम हो।

(4) खेल कूद एवं व्यायाम- बालकों की ग्रहणशीलता बढ़ाने के लिए छोटे-छोटे बच्चों को खेल-कूद एवं उनके व्यायाम का मौका देना चाहिए। वैसे तो बालकों में स्वाभाविक खेल कूद की प्रवृत्ति पाई जाती है फिर भी शिक्षक या माता पिता द्वारा बालकों को खेल के अवसर ज्यादा प्रदान करना चाहिए। वर्तमान में बच्चों को खेल के माध्यम से ही सीखने पर बल दिया जा रहा है।

(5) परिवेश या वातावरण - हम बालक को जिस क्षेत्र का ज्ञान देना चाहते हैं हमें उस तरह का वातावरण निर्माण करना परम आवश्यक है। हालाँकि हर हाल में बालक सीखते रहता है यदि हम बालक के परिवेश या वातावरण पर ध्यान नहीं देंगे तो वह अलग क्षेत्र की बातें भी सीखेगा। किसी विषय की गृहणशीलता पर बालक के परिवेश का बड़ा प्रभाव पड़ता है।

बालक की ग्रहणशीलता को प्रभावित करने वाले कारक

वैसे तो जो कारक बच्चे की भाषा सीखना को प्रभावित करते हैं वे ही कारक बालक की भाषा ग्रहणशीलता को भी प्रभावित करते हैं। जैसे-

(i) माता - पिता एवं शिक्षक का व्यवहार।
(ii) बालक का भोजन।
(iii) खेल कूद एवं व्यायाम।
(iv) बालक का परिवेश।
(V) बालक के संवेग।
(vi) बालक का वाणीदोष।
(vii) बालक का शारीरिक व मानसिक स्वास्थ्य।
(viIl) विकलांगता।
(ix) अनुवांशिकता।
(x) बालक की आयु।

आदि उपरोक्त तत्व बालक की ग्रहणशीलता को प्रभावित करते हैं।

शिक्षक द्वारा बालक में भाषा ग्रहणशीलता को बढ़ाने हेतु प्रयास-

(1) शिक्षक का व्यवहार नम्र, सरल एवं क्षमाशील होना चाहिए।
(2) शिक्षक प्रत्येक बालक का व्यक्तिगत तौर पर शिक्षण करे।
(3) शिक्षक द्वारा प्रत्येक छात्र को कार्य करने का अवसर देना चाहिए।
(4) सतत् रूप से बालक के सीखने की गति पर ध्यान रखें।
(5) यदि कोई बालक किसी बिमारी से ग्रस्त है एवं उसके सीखने में कठिनाई आ रही हो तो उसके माता-पिता को तत्काल सूचित करे।
(6) बालकों को खेल एवं गतिविधियों के माध्यम से खेल कराये।
(7) भाषा को सीखने के लिए बच्चों को कुछ कार्य घर पर अभ्यास के लिए भी दे।
(8) विद्यालय स्तर पर **बाल-सभा, बाल-संगोष्ठी, अन्त्याक्षरी, प्रतियोगिता, कविता पाठ, नाटक, पहेली बूझना** जैसी प्रतियोगियों का आयोजन करना चाहिए। जिससे बालक में रुचि जागृत होगी और वह सीखने हेतु गति करने लगेगा जिससे उसकी ग्रहणशीलता में वृद्धि होगी।
(9) विद्यालय का माहौल एवं विद्यालय परिवेश आकर्षक होना चाहिए जिससे बच्चे में नवीन बातों को सीखने के लिए ललक पैदा हो।
(10) शिक्षक को अपने शिक्षण को गुणात्मक रूप से निखारने हेतु शिक्षण को बालकेन्द्रित रखते हुए गतिविधियों की सहायता से कौशलों का विकास करना चाहिए।
(11) कविता, कहानी, नाटक आदि माध्यम से बालक में सीखने के प्रति रुझान बढ़ाकर शिक्षक बालक में सीखने की क्षमता विकसित कर सकता है।
(12) बालक में सीखने के प्रति रुचि जागृत करे।

इस तरह उपरोक्त क्रियाकलापों के आधार पर बालकों की ग्रहणशीलता को उन्नत किया जा सकता है।

वैकल्पिक प्रश्नोत्तरी

[1] व्यक्ति के भावों के संप्रेषण का माध्यम नहीं है-
(i) ध्वनि
(ii) संकेत
(ii) स्पर्श
(iv) वायु
उत्तर- वायु

[2] "भाषा वह माध्यम है जिसके द्वारा मनुष्य विचार दूसरों पर भली प्रकार प्रकट कर सकता है और दूसरों के विचार आप स्पष्टतया समझ सकते हैं।" यह परिभाषा है- (i) कामता प्रसाद गुरु की
(ii) बाबुराम सक्सेना की
(iii) प्लेटो की

(iv) किसी की नहीं
उत्तर- कामता प्रसाद गुरु की

[3] एक बालक के घर में माता-पिता एवं भाई बहिनों द्वारा पंँवारी बोली जाती है परन्तु विद्यालय में बालक हिन्दी भाषा में अध्ययन करता है उस बालक की मातृभाषा कहलायेगी-
(i) हिन्दी
(ii) पंँवारी
(iii) दोनों
(iv) दोनों नहीं
उत्तर- पँवारी

[4] भाषा सीखी जा सकती है-
(i) बोलकर
(ii) अनुकरण करके
(iii) अभ्यास से
(iv) उपरोक्त सभी
उत्तर- उपरोक्त सभी

[5] बालक की ग्रहणशीलता को प्रभावित करने वाला कारक है-
(i) बालक का भोजन
(ii) खेलकूद
(iii) बालक के संवेग
(iv) उपरोक्त सभी
उत्तर- उपरोक्त सभी

[6] एक बालक किसी विधि के द्वारा सबसे अधिक भाषा को सीख सकता है-
(i) बोलकर
(ii) अनुकरण करके
(iii) अभ्यास करके
(iv) सभी तरीके से
उत्तर- अनुकरण करके

[7] एक बालक को भाषा सिखाने हेतु आवश्यक तत्व नहीं हैं-
(i) जिज्ञासा
(ii) अनुकरण
(iii) आदतें

(iv) अभ्यास
उत्तर- आदतें

[8] एक बालक विद्यालय में शिक्षक द्वारा बार-बार प्रयास करने पर भाषा से सम्बंधित कुछ शब्दों को सिखाने का प्रयास करता है। परंतु नहीं सीख पाता है, जबकि अन्य क्षेत्रों में वह दक्ष है। बतायें एक शिक्षक को करना चाहिए- (i) बालक में जिज्ञासा बढ़ायें।
(ii) उसे सीखने हेतु समझायें।
(iii) उसकी तारीफ करें।
(iv) उपरोक्त में से कोई नहीं।
उत्तर- बालक में जिज्ञासा बढ़ायें।

[9] जन्म के पश्चात बालक भाषा सीखता है-
(i) अभ्यास के द्वारा
(ii) अनुकरण करके
(iii) जिज्ञासा जागृत कराकर
(iv) उपरोक्त सभी प्रकार से
उत्तर- अनुकरण करके

[10] एक बच्चे का पूर्व भाषा ज्ञान का आंकलन शिक्षक द्वारा किया जाना चाहिए क्योंकि-
(i) उसके भाषा ज्ञान का आंकलन करना जरूरी है।
(ii) उसकी बौद्धिक क्षमता का आंकलन करना आवश्यक है।
(iii) उसका शैक्षिक स्तर ज्ञात करना आवश्यक है।
(iv) उसे उसके भाषा स्तर आधार पर व्यक्तिगत पढ़ाना आवश्यक है।
उत्तर- उसे उसके भाषा स्तर आधार पर व्यक्तिगत पढ़ाना आवश्यक है।

[11] प्राथमिक स्तर पर बालकों को भाषा सिखाने के लिए शिक्षक को करना चाहिए।
(i) भिन्न भिन्न तरह के खेल सिखायें।
(ii) उसे किसी विषय वस्तु को प्रस्तुत करने को कहें।
(iii) उसे किसी भी अभिव्यक्ति के लिए प्रोत्साहित करें।
(iv) उसे पाठ पढ़ने को कहें।
उत्तर- उसे किसी भी अभिव्यक्ति के लिए प्रोत्साहित करें।

[12] खेल एवं गतिविधियाँ किसी बालक को भाषा सिखाने का महत्वपूर्ण साधन है क्योंकि-
(i) बच्चे खेलों एवं गतिविधियों में अधिक रूचि लेते हैं।
(ii) बच्चों को गतिविधियों द्वारा सिखाने हेतु आदेशित किया गया है।
(iii) खेलों व गतिविधियों में विषय-वस्तु दी हुई होती है।

(iv) उपरोक्त में सभी कथन गलत हैं।
उत्तर - बच्चे खेलों एवं गतिविधियों में अधिक रुचि लेते हैं।

[13] शिक्षक की अभिव्यक्ति एवं प्रस्तुतीकरण बालकों के भाषा विकास को प्रभावित करता है यदि शिक्षक -
(i) कम शैक्षणिक योग्यता वाले होते हैं।
(ii) खेल व गतिविधियों के द्वारा ही समस्त विषय वस्तु का ज्ञान कराना चाहते हैं।
(iii) बालकों के भाषा विकास में खेल व गतिविधियाँ नहीं कराते।
(iv) बालकों को नैतिकता के पाठ पढ़ाने में रूचि नहीं रखते।
उत्तर - बालकों के भाषा विकास में खेल व गतिविधियाँ नहीं कराते।

[14] बालकों के भाषा विकास का प्रभावित करने वाला कारक नहीं है।
(i) बालक का वाणी दोष।
(ii) माता व पिता की निरक्षरता।
(iii) बालक की मनोवृति।
(iv) बालक की बुद्धिलब्धि।
उत्तर - माता व पिता की निरक्षरता।

[15] कक्षा 5 वीं के बालकों को लोकोक्ति एवं मुहावरों का ज्ञान कराया जाता है क्योंकि-
(i) ये भाषा के मूल आधार हैं।
(ii) भाषा में निखार लाते हैं।
(iii) व्यावहारिक जीवन में भी इनका प्रयोग होता है।
(iv) बालकों में भाषा की श्रेष्ठता का गुण पैदा होता है।
उत्तर - व्यावहारिक जीवन में भी इनका प्रयोग होता है।

[16] एक बालक के भाषा विकास हेतु निम्न में से कौन सी गतिविधी कराना आवश्यक नहीं है-
(i) नाटक
(ii) कहानी
(iii) भ्रमण
(iv) अन्त्याक्षरी
उत्तर – भ्रमण

[17] निम्न में से कौन सा बालकों को भाषा सिखाने का उद्देश्य नहीं है?
(i) साहित्य के प्रति रूचि जागृत करना।
(ii) अभिव्यक्ति की क्षमता का विकास करना।
(iii) रचना कौशल का विकास करना।

(iv) उपरोक्त में से कोई नहीं।
उत्तर - उपरोक्त में से कोई नहीं।

[18] प्राथमिक स्तर पर बालकों को भाषा सिखाने हेतु शिक्षक को करना चाहिए-
(i) बालकों के साथ मित्रवत व्यवहार।
(ii) अपने प्रति बालकों को आकर्षित।
(iii) सांवेगिक रूप से अपने आप पर नियंत्रण।
(iv) उपरोक्त सभी।
उत्तर - उपरोक्त सभी।

[19] शिक्षक द्वारा भाषा शिक्षण कराने हेतु किस बात का ध्यान रखा जाना आवश्यक है।
(i) बच्चों को अधिकाधिक रूप से सक्रीय रखा जाये।
(ii) विद्यालय में बाल सभा का आयोजन करायें।
(iii) बच्चों को श्याम पट पर लिखने का अवसर दें।
(iv) उपरोक्त सभी।
उत्तर - उपरोक्त सभी।

[20] एक बालक की भाषा ग्रहणशीलता निर्भर करती है-
(i) बुद्धिलब्धि पर।
(ii) खेलों पर।
(iii) माता-पिता के सामाजिक स्तर पर।
(iv) उपरोक्त सभी पर।
उत्तर - उपरोक्त सभी पर।

[21] एक बालक की ग्रहणशीलता को प्रभावित करने वाला तत्व है-
(i) परिवेश एवं वातावरण।
(ii) बालक की आयु।
(iii) बालक की इंद्रियाँ।
(iv) उपरोक्त सभी।
उत्तर - उपरोक्त सभी

[22] बालक की भाषा ग्रहणशीला का विकास शिक्षक द्वारा किया जा सकता है।
(i) प्रत्येक बालक को अभिव्यक्ति का अवसर दें।
(ii) बालक को सीखने के लिए प्रोत्साहित करें।
(iii) बालकों में रूचि जागृत करें।

(iv) उपरोक्त सभी।

उत्तर - उपरोक्त सभी

मौखिक और लिखित रूप में विचारों के संप्रेषण के लिए किसी भाषा के अधिगम में व्याकरण की भूमिका पर निर्णायक संदर्श।

मौखिक संप्रेषण (संचार) की परिभाषा

मौखिक संप्रेषण, बोले गए शब्दों के उपयोग के साथ संदेश देने या प्राप्त करने की प्रक्रिया है। सूचना के त्वरित प्रसारण और त्वरित उत्तर के कारण दुनिया भर में संचार के इस साधन का अत्यधिक उपयोग किया जाता है।

मौखिक संचार या तो दो या दो से अधिक व्यक्तियों के बीच प्रत्यक्ष वार्तालाप के रूप में हो सकता है जैसे आमने-सामने संचार, व्याख्यान, बैठकें, सेमिनार, समूह चर्चा, सम्मेलन, आदि या अप्रत्यक्ष वार्तालाप, अर्थात संचार का वह रूप जिसमें एक माध्यम का उपयोग किया जाता है। टेलीफ़ोनिक वार्तालाप, वीडियो कॉल, वॉइस कॉल, आदि जैसी सूचनाओं के आदान-प्रदान के लिए।

संचार की इस विधा के बारे में सबसे अच्छी बात यह है कि संचार, प्रेषक या रिसीवर के लिए पक्ष, शरीर की भाषा, चेहरे की अभिव्यक्ति, स्वर और पिच की तरह अशाब्दिक संकेतों को नोटिस कर सकते हैं, यह पार्टियों के बीच संचार को अधिक प्रभावी बनाता है। हालाँकि, यह मोड कुछ सीमा के साथ समर्थित है जैसे कि एक बार बोले गए शब्दों को कभी वापस नहीं लिया जा सकता है।

लिखित संप्रेषण की परिभाषा

वह संप्रेषण जिसमें संदेश लिखित या मुद्रित रूप में प्रेषित होता है, लिखित संदेश के रूप में जाना जाता है। यह संचार का सबसे विश्वसनीय तरीका है, और यह अपनी औपचारिक और परिष्कृत प्रकृति के कारण व्यापार की दुनिया में बहुत पसंद किया जाता है। लिखित संचार के विभिन्न चैनल पत्र, ई-मेल, पत्रिकाएं, पत्रिकाएं, समाचार पत्र, पाठ संदेश, रिपोर्ट आदि हैं।

मौखिक और लिखित संप्रेषण के बीच महत्वपूर्ण अंतर

1) संचार का प्रकार जिसमें प्रेषक मौखिक रूप से संदेश भेजने के माध्यम से सूचना प्रेषित करता है। संचार मोड, जो सूचनाओं के आदान-प्रदान के लिए लिखित या मुद्रित पाठ का उपयोग करता है, लिखित संचार के रूप में जाना जाता है।

2) लिखित संचार में पूर्व शर्त यह है कि प्रतिभागियों को साक्षर होना चाहिए जबकि मौखिक संचार के मामले में ऐसी कोई स्थिति नहीं है।

3) लिखित संचार में उचित रिकॉर्ड हैं, जो मौखिक संचार के मामले में ठीक विपरीत है।

4) मौखिक संचार लिखित संचार से तेज है।

5) एक बार बोले गए शब्द मौखिक संचार के मामले में उलट नहीं किए जा सकते। दूसरी ओर, लिखित संदेश में मूल संदेश का संपादन संभव है।

6) संदेश की गलत व्याख्या मौखिक संचार में संभव है, लेकिन लिखित संचार में नहीं।

7) मौखिक संचार में, प्राप्तकर्ता से त्वरित प्रतिक्रिया प्राप्त होती है जो लिखित संचार में संभव नहीं है।

8) मौखिक संचार में शब्दों का उपयोग किया जाता है, जबकि लिखित संचार संकेतों पर आधारित होता है.

9) कम हैं**भ्रामक अवसर** मौखिक संचार में प्रेषक और रिसीवर के बीच जबकि लिखित संचार में, भाषा का उपयोग नहीं होने से समझ अधिक कठिन है |

10) मौखिक संचार में, संदेशों का आदान-प्रदान तेज़ होता है जो प्रतिक्रिया को बहुत तेज़ करता है। अशाब्दिक संचार अधिक समझ पर आधारित है, जो समय लेता है और इसलिए, धीमा है.

11) मौखिक संचार में, दोनों पक्षों की उपस्थिति आवश्यक नहीं है, क्योंकि यह तब भी किया जा सकता है जब पार्टियां अलग-अलग स्थानों पर हों। दूसरी ओर, लिखित संचार में दोनों पक्षों को संचार के समय होना चाहिए |

12) मौखिक संचार में, दस्तावेजी साक्ष्य बनाए रखा जाता है यदि संचार औपचारिक या लिखित है। लेकिन अशाब्दिक संचार का कोई निर्णायक सबूत नहीं है |

13) मौखिक संचार मनुष्यों की सबसे स्वाभाविक इच्छा को पूरा करता है, **बोलना**, लिखित संचार के मामले में, संचार अधिनियम में पार्टियों द्वारा किए गए कृत्यों के माध्यम से भावनाओं, भावनाओं या व्यक्तित्व का संचार किया जाता है |

14) यह उल्लेख करना महत्वपूर्ण है कि दोनों प्रकार के संचार एक दूसरे के पूरक हैं और, कई मामलों में, एक साथ होते हैं |

एक भिन्न कक्षा में भाषा पढ़ाने की चुनौतियां, भाषा की कठिनाइयाँ, त्रुटियां और विकार

कक्षा में उदाहरणों का चयन विषय वस्तु के विस्तार एवं कठिनाई के स्तर को ध्यान में रखकर किया जाए।

- अंकगणित तथा बीजगणित के आधारभूत उप-विषयों को पढ़ाते समय सावधानी वरती जाए। दशमलव, प्रतिशत, अनुपात, एकिक नियम, समीकरण, लेखाचित्र आदि गणित के आधारभूत उप-विषय हैं जिनका व्यापक प्रयोग समस्याओं को हल करने में किया जाता है। इन उप-विषयों को अत्यन्त सावधानी से पढ़ाया जाए।
- श्यामपट्ट पर लिखी हुई सामग्री व्यवस्थित, स्पष्ट एवं उपयोगी होनी चाहिए।
- श्यामपट कार्य का विकास छात्रों के सक्रिय सहयोग से किया जाए।
- कक्षा में छात्रों को जागरूक रखने के लिए प्रभावी प्रश्नोत्तर प्रविधि का प्रयोग किया जाए।
- समस्याओं को हल करने से पहले छात्रों को यह स्पष्ट कर दिया जाए कि 'क्या ज्ञात करना है' तथा 'अभीष्ट उत्तर' कैसे ज्ञात किया जाना चाहिए? समस्याओं की भाषा सरल एवं स्पष्ट हो ।
- छात्रों को कक्षा में सोचने तथा तर्क करने के पर्याप्त अवसर मिलने चाहिए।
- प्रत्येक उप-विषय के अभ्यास प्रश्न छात्र स्वयं करें तथा विभिन्न प्रत्ययों, प्रक्रियाओं, सिद्धान्तों आदि का विवेचन कर याद करें, जिससे उनमें आत्मविश्वास की भावना का विकास हो।
- कमजोर छात्रों को मौखिक तथा मानसिक गणित करने का पर्याप्त अभ्यास कक्षा में

प्रतिभाशाली बालकों के लिए उपचारात्मक शिक्षण Remedial Teaching for Talented Children

- प्रखर बुद्धि बालकों में पर्याप्त रूप से अपनी योग्यताओं को विकसित करने का प्रखर अवसर प्राप्त न होने से वे बेचैन रहते है तथा उनका मन कक्षा के वातावरण में न लगकर इधर-उधर भटकने लगता है। इसके अतिरिक्त यदि उन्हें आवश्यक परामर्श एवं मार्ग-दर्शन नहीं मिलता है, तो वे असामाजिक कार्यों में भाग लेने लगते हैं तथा उनकी प्रवृत्ति बालापराधी की ओर मुड़ जाती है। कक्षा कार्य उनको फीका लगने लगता है। अतः प्रतिभाशाली बालकों की मानसिक एवं शारीरिक शक्ति के सदुपयोग के लिए प्रभावी एवं आकर्षक अध्ययन विधियों का इस्तेमाल आवश्यक है ताकि उन्हें उपयोगी कार्यों में व्यस्त रखा जा सके।

प्रतिभाशाली बालकों का शिक्षण करते समय निम्न बिन्दुओं को ध्यान में रखना आवश्यक है-

- प्रतिभाशाली बालकों को सुनियोजित कार्यक्रम के माध्यम से व्यवस्थित ढंग से कार्यरत रखा जाना चाहिए। इनको आधुनिक गणित, गणित की विभिन्न शाखाओं में समन्वय स्थापित करके पढ़ाना चाहिए।
- इन बालकों को व्यवस्थित सामग्री के माध्यम से पढ़ाना चाहिए।

- इन बालकों के शिक्षण में निगमन, संश्लेषण, प्रयोगशाला, हयूरिस्टिक एवं प्रोजेक्ट विधियों का प्रयोग करना चाहिए।
- इन बालकों के सम्मुख स्थूल या प्रत्यक्ष वस्तुओं के स्थान पर गूढ़ प्रत्यय सीधे ही प्रस्तुत किए जा सकते हैं।
- इन बालकों के मूल्यांकन हेतु विशेष परीक्षाओं का आयोजन किया जाना चाहिए।
- अध्यापक को चाहिए कि वह ऐसे बालकों को गणित के पाठ्यक्रम के अतिरिक्त गणित सम्बन्धी इतिहास, गणित का विकास, पत्रिकाएँ तथा सम्बन्धित साहित्य को पढ़ने के लिए प्रोत्साहित करें।

बच्चों में भाषा संबंधित त्रुटियां

परिचय

बच्चों में भाषा संबंधी बहुत सी त्रुटियां पाई जाती हैं इन्हीं कारणों से कुछ बच्चे कक्षा में पिछड़ जाते हैं तथा भाषा शिक्षण में कम रूचि लेने लगते हैं बच्चों में भाषा संबंधी प्रमुख त्रुटियां इस प्रकार है।

- **उच्चारण संबंधी त्रुटियां:** सीखने वाली भाषा के शब्दों का उच्चारण मानक भाषा से थोड़ा भिन्न होता है इसीलिए बच्चे शब्द तथा अक्षरों के उच्चारण में त्रुटियां करते हैं । उदाहरण के लिए कुछ छात्र व तथा ब , स तथा श , ड तथा ढ आधे अक्षरों को सही से उच्चारित नहीं कर पाते हैं।

- **व्याकरण संबंधित त्रुटियां:** छात्र अक्सर द्वितीय भाषा सीखते समय व्याकरण संबंधित त्रुटियां करते हैं। व्याकरण अशुद्धियों में लिंग,, वचन, कारक आदि सम्मिलित होते हैं। व्याकरण त्रुटियों से बचने के लिए व्याकरण नियमों का सही ज्ञान होना अत्यंत आवश्यक होता है।

- **पाठन संबंधित त्रुटियां:** यह कुछ छात्रों में पढ़ने संबंधी कठिनाई तथा त्रुटि अ। पाई जाती है, क्योंकि पूर्व माध्यमिक कक्षाओं में उनका यह कौशल पूर्ण रूप से विकसित नहीं किया गया होता है। जिसके कारण उन्हें पढ़ने में कठिनाई आती है। दुनिया तेज पढ़ना विराम चिन्हों की उपेक्षा, संवादों को भावों अनुसार ना पढ़ पाना, अशुद्ध उच्चारण, सही सुर तथा लय का प्रयोग ना करना आदि पाठन संबंधित त्रुटियां होती है।

- **लेखन संबंधी त्रुटियां:** छात्रों में लेखन संबंधित त्रुटियां पाई जाती है मात्राओं की अशुद्धियां, वर्णों को उचित आकार में ना लिख पाना, उल्टे अक्षर लिखना, शिरोरेखा ना लगाना आदि लेखन संबंधित त्रुटियां कहलाती है।

- **शब्दावली संबंधित त्रुटियां:** छात्रों में शब्दावली संबंधित त्रुटियां पाई जाती हैं।

भाषागत त्रुटियों के प्रकार

भाषागत त्रुटियों को दो श्रेणियों में रखा गया है।

1. व्यवस्थित त्रुटियां

2. अव्यवस्थित त्रुटियां

1. व्यवस्थित त्रुटियां

इसका अभिप्राय भाषा व्यवहार की उन फूलों और अशुद्धियों से है जो किसी व्यक्ति के पारिवारिक और परिवेश गत संस्कारों के चलते उत्पन्न होती है इस प्रकार की अशुद्धियां प्राया स्थाई होती है और इनका उपशमन कठिन होता है इन अशुद्धियों में अनुचित उच्चारण और शब्दों के शुद्ध रूप ओं का प्रयोग साधारण है आमतौर पर इस प्रकार की अशुद्धियां किसी एक व्यक्ति के भाषा व्यवहार में ही ना होकर उस परिवेश के सभी प्रयोक्ता ओं मैं समान रूप से मौजूद होती हैं। शुद्ध भाषा परिवेश और कक्षा में औपचारिक भाषा शिक्षण इस प्रकार की भाषा त्रुटियों के संशोधन का एकमात्र उपाय है।

2. अव्यवस्थित त्रुटियां

इस प्रकार की त्रुटियां/ अशुद्धियां स्थाई ना होकर तात्कालिक कारणों से होती है इन के कारणों में शीघ्रता हर बड़ा हट, क्रोध जैसे आवेग के प्रमुख है, इस प्रकार की त्रुटियां कभी भी एक समान नहीं होती है क्योंकि भाषा प्रयोक्ता सही भाषा की सही रूप से परिचित होता है
इस प्रकार की त्रुटियों से बचने का कोई सुनिश्चित उपाय नहीं है क्योंकि इनके होने की कोई सुनिश्चित परिस्थिति नहीं है।

त्रुटियों के कारण

- **मातृभाषा व्याघात:** द्वितीय भाषा सीखने वाले छात्रों पर मातृभाषा का स्पष्ट प्रभाव देखता है, क्योंकि शिक्षार्थी द्वितीय भाषा की ध्वनियों को अपनी पहली सीखी हुई, भाषा की ध्वनियों के संदर्भ में ग्रहण करता है।

- **लक्ष्य भाषा की संरचनात्मक जटिलता:** भाषा की संरचना भिन्न होने से द्वितीय भाषा सीखने वाले छात्र भाषा के कुछ स्तरों पर अधिकार प्राप्त नहीं कर पाते, और उन्हें कठिनाई होती है तथा भी त्रुटियां करते हैं।

- **अच्छे शिक्षकों का अभाव:** अच्छे शिक्षकों के अभाव के कारण छात्र भाषा में उच्चारण गत अशुद्धियां करते हैं क्योंकि यदि शिक्षक स्वयं ही किसी वर्ण यहां शब्द को गलत तरह से उपचारित करेगा तो छात्र भी वैसा ही उच्चारण सीखेंगे।
  - उच्चारण का मानक भाषा(मातृभाषा) सेविंग होना।
  - छात्रों की मानसिक स्थिति ठीक ना होने के कारण भी कई त्रुटियां हो सकती।
  - विज्ञान शब्दावली से अपरिचित या उसका ज्ञान ना होने के कारण भी त्रुटियां होती है।

भाषागत त्रुटियों को दूर करने के उपाय

- बालकों को सही अक्षर बोध कराना।
- बालकों को विभिन्न अक्षरों की ध्वनियों का बोध कराना।
- उन्हें संयुक्त अक्षरों(ड , ढ\व ,ब \ स ,श) आदि से अवगत कराना।
- लघु तथा दीर्घ ध्वनि का बोध कराने।
- सही उच्चारण से खाना तथा ज्यादा से ज्यादा अभ्यास कराना।
- बालक ओं को बलाघात का ज्ञान कराना।
- छात्रों को लघु और दीर्घ अक्षरों से परिचित करवाना।
- उच्चारण को सुधारने के लिए पाठ को बोल बोल कर पढ़ने का निर्देश देना चाहिए।
- एक समान त्रुटियां करने वाले विद्यार्थियों का समूह बनाकर दोष सुधार की व्यवस्था की जानी चाहिए।
- अच्छे शिक्षकों का चयन करना चाहिए ।
- बच्चों में भाषा संबंधी विकार (Language disorders in children)

बच्चों में भाषा से संबंधित विकार के बारे में नीचे विस्तार पूर्वक बताया गया है

1. डिस्लेक्सिया(पढ़ने संबंधी विकार)

डिस्लेक्सिया शब्द ग्रीक भाषा के दो शब्द "डस" और " लेक्सिस"से मिलकर बना है जिसका शाब्दिक अर्थ है, " कथन भाषा" यह अधिगम अक्षमता का सबसे सामान्य प्रकार है। यह भाषा के लिखित रूप, मौखिक रूप एवं भाषायी दक्षता को प्रभावित करता है।

लक्षण-

- वर्ल्डमाला अधिगम में कठिनाई होना।
- अक्षरों की ध्वनियों को सीखने में कठिनाई हो ना।
- एकाग्रता में कठिनाई।
- शब्दों को उल्टा या अक्षरों का क्रम इधर-उधर कर पढ़ा जाना, जैसे नाम को मान्या शावक को शक पढ़ना।
- वर्तनी दोष से पीड़ित हो ना।
- स्मरण शक्ति का कम होना।
- समान उच्चारण वाले ध्वनियों को ना पहचान पाना।
- शब्दकोश का अभाव होना।

उपचार- डिस्लेक्सिया का उपचार पूर्ण रूप से असंभव है, लेकिन इसको उच्च शिक्षण अधिगम पद्धति के द्वारा निम्नतम स्तर पर लाया जा सकता है।

2. डिस्ग्राफिया (Discography) लेखन संबंधी विकार

डिस्ग्राफियालेखन क्षमता को प्रभावित करता है। यह वर्तनी संबंधी कठिनाइयां, खराब हस्त

लेखन एवं अपने विचारों को लिपिबद्ध करने में कठिनाई के रूप में जाना जाता है।

लक्षण-

- लिखते समय स्वयं से बातें करना ।
- अनियमित रूप और आकार वाले अक्षर को लिखना।
- लेखन सामग्री पर कमजोर पकड़, उसे कागज के बहुत पास से पकड़ना।
- पठनीय होने पर भी कॉपी(देख कर लिखने) करने में अत्याधिक श्रम का प्रयोग करना।
- अपठनीय हस्त लेखन ।
- लाइनों के ऊपर नीचे लिखना तथा शब्दों के बीच अनियमित स्थान छोड़ना।
- अपूर्ण अक्षर या शब्द लिखना।

उपचार- इस अधिगम अक्षमता से ग्रसित व्यक्ति को लेखन का ज्यादा से ज्यादा अभ्यास कराया जाना चाहिए।

3. डिस्कैकुलिया(Disconculiya) गणितीय कौशल संबंधी विकार

इसके अंतर्गत अंकों, संख्याओं के अर्थ समझने की अयोग्यता से लेकर, अंकगणितीय समस्याओं के समाधान में सूत्रों एवं सिद्धांतों के प्रयोग की योग्यता तथा सभी प्रकार के गणितीय अक्षमता शामिल है।

लक्षण-

- गणितीय चिन्ह को समझने में कठिनाई होना।
- वित्तीय योजना या बजट बनाने में कठिनाई हो ना।
- समय सारणी बनाने में कठिनाई का अनुभव करना।
- दिशा ज्ञान का अभाव होना।
- समय बताने में कठिनाई का अनुभव करना।

उपचार- उचित शिक्षण अधिगम रण नीति अपना कर इसे कम किया जा सकता है।

4. डिस्फैसिया (Dysphasia) वाक् अक्षमता

डिस्फैसियाठीक है जब बच्चे विचार की अभिव्यक्ति व्याख्या के समय कठिनाई महसूस करते हैं। इस अक्षमता के लिए मुख्य रूप से मस्तिष्क क्षति को उत्तरदाई माना जाता है।

5. डिस्प्रेक्सिया(Dyspraxia) लेखन एवं चित्रांकन संबंधी विकार

यह मुख्य रूप से चित्रांकन संबंधी अक्षमता की ओर संकेत करता है। इससे ग्रसित बच्चे लिखने एवं चित्र बनाने में कठिनाई महसूस करते हैं।

भाषा कौशल

भाषा कौशल (Language skill)

- मनुष्य समाज में अन्य व्यक्तियों से संप्रेषण करने के लिए वह बोलकर या लिखकर अपने विचारों को अभिव्यक्त करता है, तथा सुनकर या पढ़कर उनके विचारों को ग्रहण करता है।
- भाषा से संबंधित इन चारों क्रियाओं के प्रयोग करने की क्षमता को भाषा कौशल कहा जाता है।
- इनका विकास एवं इन में दक्षता प्राप्त करना ही भाषा शिक्षण का उद्देश्य है।
- यह चारों कौशल एक दूसरे से अंतः संबंधित होते हैं अर्थात किसी न किसी रूप में एक दूसरे पर निर्भर करते हैं।
- व्यक्ति के सर्वांगीण विकास में भाषा कौशल की महत्वपूर्ण भूमिका होती है।

भाषा कौशल को चार भागो में बांटा गया है।

1.श्रवण कौशल (सुनकर अर्थ ग्रहण करने का कौशल)
2. वाचन कौशल(बोलने का कौशल)
3. पठन कौशल(पढ़कर अर्थ ग्रहण करने का कौशल)
4. लेखन कौशल(लिखने का कौशल)

1 श्रवण कौशल (Shravan Kaushal)

- श्रवण का अर्थ" सुनना" होता है अतः श्रवण कौशल का संबंध "कर्ण" (कान) से है।
- ध्वनियों या उच्चारण को सुनना और सुनकर उसके अर्थ को समझना और उसे ग्रहण करने की योग्यता श्रवण कौशल कहलाता है।
- श्रवण एवं पठन कौशल को ग्रहआत्मक\ ग्राहित कौशल कहते हैं।
- श्रवण कौशल अन्य भाषीय कौशलों को आधार प्रदान करता है।
- छात्र कविता ,कहानी, भाषण, वाद विवाद आदि का ज्ञान सुनकर ही प्राप्त करता है।
- श्रवण कौशल के लिए मस्तिष्क की एकाग्रता एवं इंद्रियों का संयम आवश्यक होता है।

श्रवण कौशल का महत्व

- बच्चा जन्म के बाद ही सुनने लगता है, यह ध्वनिया उसके ज्ञान का आधार बनती है।
- श्रवण कौशल ही अन्य भाषायी हौसलों को विकसित करने का प्रमुख आधार बनता है।
- इससे ध्वनियों के सूक्ष्म अंतर को पहचानने की क्षमता विकसित होती है।
- विभिन्न साहित्यिक व सांस्कृतिक कार्यक्रमों की प्राप्ति में सहायक है।

श्रवण कौशल शिक्षण के उद्देश्य

- श्रुत सामग्री को भली-भाँति समझकर/सुनकर अर्थ ग्रहण करने की योग्यता का विकास करना।

- छात्रों में भाषा व साहित्य के प्रति रुचि पैदा करना।
- छात्रों को साहित्यिक गतिविधियों में भाग लेने व सुनने के लिए प्रेरित करना।
- श्रुत सामग्री का सारांश ग्रहण करने की योग्यता विकसित करना।
- धैर्यपूर्वक, सुनना, सुनने के शिष्टाचार का पालन करना।
- ग्रहणशीलता की मनःस्थिति बनाए रखना। शब्दों, मुहावरों व उक्तियों का प्रसंगानुकूल भाव व अर्थ समझ सकना।
- किसी भी श्रुत सामग्री को मनोयोगपूर्वक सुनने की प्रेरणा प्रदान करना।
- श्रुत सामग्री के विषय में महत्त्वपूर्ण एवं मर्मस्पर्शी विचारों भावों एवं तथ्यों का चयन करने की क्षमता विकसित करना।
- छात्रों की मौलिकता में वृद्धि करना।
- छात्रों का मानसिक एवं बौद्धिक विकास करना।
- स्वराघात, बलाघात व स्वर के उतार-चढ़ाव के अनुसार अर्थ ग्रहण करने की योग्यता का विकास करना।
- भावानुभूति कर सकना, भावाभिव्यक्ति के ढंग को समझ सकना।
- भावों, विचारों व तथ्यों का मूल्यांकन कर सकना।

श्रवण कौशल विकसित करने की शिक्षण विधियां

1 कहानी सुनाना – कहानी के द्वारा बच्चों का ध्यान सुनने की तरफ आकर्षित किया जा सकता है
2 प्रश्नोत्तर विधि- कक्षा में शिक्षण के दौरान अध्यापक पठन सामग्री को आधार बनाकर प्रश्न पूछता है छात्र यदि सही से पाठ को सुनेगा तभी उत्तर दे पाएगा। पठित सामग्री के आधार पर प्रश्न पूछने से छात्र कक्षा में पढ़ाई गई बातों को ध्यान पूर्वक सुनेंगे।
3 भाषण विधि- प्रायः यह मौखिक कौशल को विकसित करने का साधन है। किंतु छात्रों को पहले यह बता दिया जाता है, की भाषण को ध्यान से सुने।
5 कविता सुनाना– श्रवण कौशल को विकसित करने के लिए छात्रों को कविता सुनाई जाती है।

बाल विकास एवं शिक्षाशास्त्र (Child Development and Pedagogy) top 50 oneliner
श्रवण कौशल के शिक्षण हेतु श्रवण दृश्य सहायक सामग्री

1.	टेप रिकॉर्डर
2.	रेडियो
3.	चलचित्र
4.	ग्रामोफोन

5.	वीडियो
6	कंप्यूटर

2 वाचन कौशल(Vachan Kaushal)

- वाचन या बोलना भाषा का वह रूप है जिसका सबसे अधिक प्रयोग होता है।
- भावों और विचारों की अभिव्यक्ति का साधन साधारणतया उच्चारित भाषा ही होती है।
- जीवन के प्रत्येक क्षेत्र में वाचन\ बोलने की आवश्यकता होती है। व्यक्ति का सबसे बड़ा आभूषण उसकी मधुर वाणी है।
- वाचन एवं लेखन कौशल को अभिव्यंजनात्मक \ उत्पादक कौशल कहते हैं

वाचन कौशल का महत्व

- विचारों के आदान-प्रदान के लिए।
- सरल , स्पष्ट एवं सहज बातचीत के लिए।
- मौखिक भाषा के प्रयोग में कुशल व्यक्ति, अपनी वाणी से जादू जगह सकता है।
- सामाजिक जीवन में सामंजस्य तथा सामाजिक संबंधों के मुद्रण बनाने में वाचन कौशल प्रमुख भूमिका में होती है।

वाचन कौशल के उद्देश्य

- बालकों का उच्चारण शुद्ध होना चाहिए।
- कक्षा में छात्रों को उचित स्वर, उचित गति के साथ बोलना सिखाना।
- छात्रों को सही व्याकरण वाली भाषा का प्रयोग करना सिखाना।
- कक्षा में छात्रों को लिसेन को ठोकर अपने विचार व्यक्त करने के योग्य बनाना।
- बोलने में विराम चिन्हों का ध्यान रखना सिखाना।
- छात्रों को धारा प्रवाह, प्रभावपूर्ण बानी में बोलना सिखाना।
- अवसर अनुकूल भाषा का प्रयोग करना सिखाना।
- सरल सुबोध तथा मुहावरे दार भाषा का प्रयोग सिखाना।
- स्पष्टता वाचन कौशल का एक महत्वपूर्ण गुण होता है। बालकों को स्पष्ट भाषा प्रयोग करना सिखाना।

वाचन कौशल विकसित करने की शिक्षण विधियां

1 वार्तालाप- शिक्षक को चाहिए कि वह प्रत्येक छात्र को वार्तालाप में भाग लेने के लिए प्रेरित करें। वार्तालाप का विषय छात्रों की मानसिक, बौद्धिक स्तर के अनुसार ही होना चाहिए।

2 सस्वर वाचन – पहले शिक्षक को पाठ पढ़ाना चाहिए, बाद में छात्रों से सस्वर वाचन (बोल – बोलकर पढ़ाना) कराना चाहिए।

3 **प्रश्नोत्तर-** शिक्षक को चाहिए कि वह छात्रों से पढ़ाए गए विषय के संबंध में प्रश्न उत्तर करें।

4 **कहानी व कविता सुनाना-** शिक्षक को छात्रों को वाचन कौशल के अंतर्गत कहानी एवं कविता सुनानी चाहिए।

5 **चित्र वर्णन-** छोटी कक्षा के बच्चे चित्र देखने में रुचि देते हैं। चित्र दिखाकर उसके बारे में छात्रों से पूछा जा सकता है।

6 वाद विवाद
7 नाटक प्रयोग
8 भाषण
9 समूह- विचार विमर्श, वर्णमाला विधि, अक्षर विधि

वाचन के प्रकार

1 सस्वर वाचन – बोल बोल कर(स्वर्ग के साथ)\ छोटी कक्षाओं हेतु
2 मौन वाचन- मन- मन में\ बड़ी कक्षा के लिए
आदर्श वाचन- पाठ पढ़ते समय जब शिक्षक स्वयं बोल- बोलकर पढ़ाता है तो उसे आदर्श वाचन कहते हैं।

अनुकरण वाचन- जब छात्र शिक्षक द्वारा पढ़ाए गए पाठ का अनुकरण करके पाठ को बोल कर पढ़ते हैं, तो वह अनुकरण वाचन कहलाता है।

सावधानियां

1 शिक्षक स्वयं सही उच्चारण करें।
2 यदि कोई छात्र प्राकृतिक कारणों से शुद्ध उच्चारण पाता है, तो उसके माता-पिता को सूचित करें तथा उचित चिकित्सा करवाएं।
3 बोलने में कठिनाई अनुभव करने वाले छात्रों को अधिक से अधिक बोलने का अवसर प्रदान कराएं।
4 बालकों में संकोच, झिझक, आदि ना आए।
5 बोलते समय छात्र सही स्वर,लय भावपूर्ण वाणी का ध्यान रखें,यह देखना चाहिए।

3 पठन कौशल(Pathan Kaushal)

- साधारण अर्थ में पठन कौशल से तात्पर्य है कि लिखित भाषा को पढ़ना।
- भाषा कौशल में पठन कौशल का अर्थ है लिखी हुई भाषा को उच्चारित करना तथा भाग को ग्रहण करना।

- भाषा शिक्षण में पठन कौशल पर सबसे अधिक ध्यान दिया जाता है। पठन ज्ञान प्राप्त करने का सबसे आसान एवं सरल तरीका है।

पठन कौशल के प्रकार

पठन कौशल के दो प्रकार होते हैं जो कि इस प्रकार है।

1 सस्वर पठन

2 मौन पठन

1 **सस्वर पठन-** स्वर सहित पढ़ते हुए अर्थ ग्रहण करने को सस्वर पठन कहा जाता है वर्णमाला में लिपिबद्ध प्रणव की पहचान सस्वर पठन के द्वारा ही कराई जाती है यह पठान की प्रारंभिक अवस्था होती है।

सस्वर पठन के गुण-

- सस्वर पठन करते समय शुद्धता एवं स्पष्ट ता का ध्यान रखना चाहिए।
- पठान भावानुकूल करना चाहिए।
- विराम चिन्हों का ध्यान रखना चाहिए।
- सस्वर पठन में आत्मविश्वास होना चाहिए।

सस्वर पठन को पुनः दो भागों में बांटा गया है।

1 वैयक्तिक पठान(individual reading)

2 सामूहिक पठन(Group reading)

3 **मौन पठन-** लिखित सामग्री को चुपचाप बिना आवाज निकाले मन ही मन में पढ़ना मौन पठन कहलाता है।

महत्व एवं गुण-

- थकान कम होती है तथा मन नेत्र एवं मस्तिक से सक्रिय रहते हैं।
- मौन पठन में पाठक एकाग्रता तथा ध्यान केंद्रित करके पड़ता है।
- यह कक्षा में अनुशासन बनाए रखने में सहायक है।
- स्वाध्याय की रुचि जागृत करने में सहायक।
- चिंतन करने तथा गहन अध्ययन करने में भी सहायक है।

मौन पठन के भेद– मौन पठन के दो भेद होते हैं

1 गंभीर पठान(serious)

2 द्रुत पठन (quick)

गंभीर पठन

1 भाषा पर अधिकार करना।
2 केंद्रीय भाव की खोज करना।
3 विषय वस्तु पर अधिर करना।
4 नवीन सूचना एकत्र करना।

द्रतु पठन

1 सीखी हुई भाषा का अभ्यास करना।
2 खाली समय का सदुपयोग करना।
3 आनंद प्राप्त करना।
5 सूचनाएं एकत्रित करना तथा साहित्य का परिचय प्राप्त करना।

पठन कौशल का महत्व

- यह विद्यार्थियों के सर्वांगीण विकास में सहायक है छात्र शुद्ध उच्चारण सीख सकते हैं।
- शब्द भंडार में वृद्धि करने में सहायक होता है।
- व्याकरणिक ज्ञान में वृद्धि करने में सहायक।
- महान व्यक्तियों की जीवनी एवं आत्मकथा ए पढ़कर उनके आदर्श गुणों का आत्मसात कर सकता है।
- नवीन पुस्तकों को बहकर नवीन जानकारी प्राप्त कर सकता है।
- पढ़कर समय का सदुपयोग कर सकता है।

पठन कौशल के उद्देश्य

- बालकों को सही स्वार्थ तथा भाव के अनुसार पढ़ाना सिखाना तथा भाव को ग्रहण करना चाहिए।
- शुद्ध पठन सिखाना।
- पठान के द्वारा छात्र विराम चिन्ह, अर्धविराम आदि चिन्हों का प्रयोग समाज जाता है।
- पठन से स्वाध्याय की प्रवृत्ति जागृत करना।
- सही उच्चारण,, ध्वनि, उचित बल आदि पठन से छात्र सीख जाता है।
- पठन से शब्द भंडार में वृद्धि होती है।

पठन कौशल की शिक्षण विधियां

1 **वर्णबोध विधि –** इसमें पहले वर्णनो का ज्ञान कराया जाता है। स्वर पहले, व्यंजन बाद में फिर मात्राओं का ज्ञान कराया जाता है।

2 **ध्वनि साम्य विधि –** इसमें समान उच्चारण वाले शब्दों को साथ साथ सिखाया जाता है।

3 स्वरोच्चारण विधि – इसमें 12 कड़ी को आधार माना जाता है,क ,का ,के ,की ,कि,को इस विधि में अक्षरों एवं शब्दों को उनकी स्वर ध्वनि के अनुसार पढ़ाया जाता है।

4 देखो और कहो विधि- इसमें शब्द से संबंधित चित्र दिखाकर शब्द का ज्ञान कराया जाता है। यह विधि मनोवैज्ञानिक है। कई बार देखने सुनने और बोलने से वर्णो के चित्र मस्तिष्क पर अंकित हो जाते हैं।

5 वाक्य विधि- इस विधि में वाक्य या वाक्यांशों में बालक बोलता है। पहले वाक्य फिर शब्द, फिर वर्ण- इस प्रकार क्रम में बच्चों को पढ़ाना सिखाया जाता है।

6 कहानी विधि- इस विधि में बच्चों को कहानी सुनाई जाती है।

7 अनुकरण विधि- यह विधि **"देखो और कहो"** विधि का दूसरा स्वरूप है। इसमें अध्यापक एक-एक शब्द बालकों के समक्ष कहता है, और छात्र उसे दोहराते हुए अनुकरण करते हैं। इस प्रकार छात्र शब्द ध्वनि का उच्चारण एवं पढ़ना सीखते हैं।

भाषा बोधगम्यता और प्रवीणता का मूल्यांकन करना बोलना, सुनना, पढना और लिखना।

प्रवीणता का मूल्यांकन Evaluation

मूल्यांकन पठन-पाठन प्रक्रिया का अभिन्न हिस्सा है। कई अध्ययनों (हारविट्ज, हारविट्ज और कोप 1986; स्टेनबर्ग और हारविट्ज़ 1986, अब्दुल हमीद 2005) से भी यह बात खुलकर सामने आई है कि परीक्षाओं के भय से उत्पन्न तनाव, उनके प्रदर्शन को नकारात्मक रूप से प्रभावित करता है। इसलिए आकलन विधियों को ऊबाऊ व भय पैदा करने के स्थान पर ज्यादा-से-ज्यादा चुनौतीपूर्ण व मजेदार बनाने के लिए विशेष प्रयासों की जरूरत है।

बोल-चाल से लेकर अन्य कई भाषिक कौशलों (पढ़ना, लिखना, बोलना, सुनना) पर अनेक अध्ययन व शोध आदि हुए हैं और हम उनका लाभ उठा सकते हैं। जैसा कि ये अध्ययन बताते हैं, मूल्याकंन एक सतत् चलने वाली प्रक्रिया है और इसका उद्देश्य है सीखने वाले की भाषा की संरचना और एकरूपता की समझ का आकलन, इसे विभिन्न सन्दर्भों में उपयोग करने की क्षमता और इसके सौन्दर्यपरक को परख सकने की क्षमता का भी आकलन। इससे हमें पहलू सीखने वाले की वास्तविक स्थिति का पता चलता है और उसकी स्थिति / स्तर को बेहतर बनाने के लिए समय पर उचित हस्तक्षेप करने के लिए आवश्यक पहल करने का भी इशारा मिलता है।

सीखने वाले का मूल्यांकन भाषिक ज्ञान और सम्प्रेषणात्मक कौशलों दोनों के स्तरों पर होना चाहिए।

सीखने वाले का मूल्यांकन खुद उसके सन्दर्भ में ओर उसके साथियों के साथ रखकर किया जाना चाहिए जिसके लिए कई तरह की जाँच की जा सकती है। खुले या बन्द प्रश्न, बहुवैकल्पिक किस्म के प्रश्न या यूँ ही मनचाहे सबक । समूह कार्य और प्रोजेक्ट आदि के आधार पर भी विद्यार्थी की प्रगति मूल्यांकन के नये तरीके शुरू किए जा सकते हैं।

परीक्षणों का अर्थ एवं परीक्षणों के प्रकार Type of Tests

परीक्षणों का अर्थ है ज्ञान, क्षमता व प्रदर्शन का किसी भी विधि से मापन । भाषा-शिक्षण के मामले में जाँच को कक्षा कार्य के ही विस्तार के रूप में देखा जाना चाहिए, जो सीखने वाले व सिखाने वाले दोनों के लिए उपयोगी सूचनाएँ प्रदान करने में सहायक हों और जिनका उपयोग पढ़ाने के तरीके और सामग्री को विकसित करने हेतु किया जा सके।

अभिरुचि परीक्षण

- विद्यार्थी में द्वितीय / विदेशी भाषा सीखने की क्षमता है या नहीं अथवा इस प्रकार की कोई सम्भावना है या नहीं इसकी जाँच इस परीक्षण के द्वारा की जाती है। इससे वे विद्यार्थी चुनकर सामने लाए जा सकते हैं जो उक्त भाषा सीखने के काबिल हों।

कसौटी - सन्दर्भित परीक्षण

- इस परीक्षण का उद्देश्य निश्चित होता है। अर्थात् खास विषय-वस्तु से सम्बन्धित होता है। निदानात्मक और उपलब्धिपरक जाँच इस श्रेणी में आते हैं। निदानात्मक जाँच से पता चलता है कि पाठ्यक्रम के किसी विशिष्ट पहलू के ज्ञान में विद्यार्थी की क्या स्थिति है?
- उसने कितना सीखा है? यह कोर्स की किसी इकाई की समाप्ति के उपरान्त लिया जाता है। उपलब्धिपरक जाँच में विद्यार्थी की अन्य विद्यार्थियों की तुलना में जो स्थिति होती है उसकी जाँच की जाती है। इस जाँच का उद्देश्य यह जानना होता है कि जो लक्ष्य घोषित किए गए थे, उन्हें कहाँ तक प्राप्त किया जा सका।

मानक सन्दर्भित परीक्षण

- यह परीक्षण ग्लोबल भाषा योग्यता की जाँच है। अधिकांश रोजगार और दक्षता सम्बन्धी जाँच इसी तरह की होती हैं। इसका उद्देश्य है विद्यार्थी ने जो कुछ सीखा उसे वह कहाँ तक वास्तविक स्थिति में कार्यान्वित करने के काबिल है और क्या वह विशिष्ट योग्यताओं के सन्दर्भ में एक मानक स्तर तक पहुँच सका। ये परीक्षण वस्तुनिष्ठ या वर्णनात्मक हो सकते हैं।
- वस्तुनिष्ठ परीक्षण में अंकन यान्त्रिक ढंग से किया जा सकता है। उनमें बहु-वैकल्पिक, रूपान्तरण पर आधारित, अधूरे वाक्यों को पूरा करने, सही/गलत, जोड़े मिलाने आदि जैसे प्रश्न आते हैं। वर्णनात्मक परीक्षण के मामले में परीक्षक के निजी फैसले का महत्त्व होता है और अंकन ज्यादा कठिन व समय लेने वाला होता है यदि परीक्षार्थियों की संख्या ज्यादा हो तो इस तरह की जाँच सम्भव नहीं है।

परीक्षण तैयार करना To Prepare Test

कोई भी परीक्षण तैयार करने की प्रक्रिया, यहाँ तक कि कक्षा के भीतर की भी, मुख्यतः तीन चरणों में सम्पादित होती है

1. अभिकल्प,

2. संचालन

3. परीक्षण का प्रशासन।

- अभिकल्प तैयार करने की अवस्था में प्रश्नों का विवरण, पहचान और चुनाव शामिल होता है। संचालन (ऑपरेशन) की अवस्था में परीक्षण में प्रयुक्त किए जाने वाले विविध कार्यों के विशेष विवरण तैयार किए जाते हैं, साथ ही एक खाका भी तैयार किया जाता है जो, कि यह बताता है कि वास्तविक परीक्षण का रूप देने के लिए जाँच कैसे की जाएगी। इसमें वास्तविक परीक्षा सम्बन्धी कार्य, लिखित अनुदेश और अंकन की क्रियाविधियाँ भी शामिल होती हैं।
- कार्यान्वयन की अवस्था में परीक्षण लिया जाता है, सूचनाएँ एकत्र की जाती हैं तथा अंकों का विश्लेषण किया जाता है।
- परीक्षण का विकास शिक्षक को परीक्षण की उपयोगिता को गौर से देखने / पड़ताल करने का अवसर प्रदान करता है। विकास की यह प्रक्रिया अनुक्रियात्मक होनी चाहिए। यह बाद में जाँच-प्रश्नों के पुनर्विचार और उन्हें दोहराने में सहायक सिद्ध होती है। साथ ही अंकन की पद्धति को भी निर्मित व विकसित करने में यह मददगार साबित होती है।

परीक्षण के लिए दिए जाने वाले कार्य Providing Works for Testing

- परीक्षण कार्य कई तरह के हो सकते हैं जैसे-अनुत्पादक परीक्षण कार्य (क्लोज परीक्षण करना, श्रुतलेखन, अनुवाद, नोट लेना, संयोजन आदि), उ मिलाना, बहु-वैकल्पिक, क्रमबद्ध करना आदि) से लेकर पोर्टफोलियो - आकलन (एक खास अवधि में विद्यार्थी द्वारा किए गए सृजनात्मक कार्य) तक।
- भाषा का पार्टफोलियों प्रपत्रों का संगठित व क्रमबद्ध संग्रह हो सकता है जिसे विद्यार्थी ने खास समय के दरम्यान में किया हो, और उसे व्यवस्थित ढंग से प्रदर्शित किया जा सकता है। इसे मानक परीक्षण-पद्धतियों के विकल्प के रूप में देखा जाता है। इससे विद्यार्थी में सीखने को प्रति दायित्वबोध पनपता है।
- भाषिक मूल्यांकन के आधुनिक तरीके यह सुझाते हैं कि विविक्त बिन्दुओं और समाकलनात्मक परीक्षणों का सन्तुलित समूह बनाना उपयोगी हो सकता है। समाकलनात्मक परीक्षण जैसी बन्द प्रक्रिया (क्लोज्ड प्रोसिड्योर) जो गेस्टाल्ट (समग्राकृति) मनोविज्ञान पर आधारित हो, सभी स्तरों पर विविध रूपों में सृजनात्मक ढंग से ढाला जा सकता है। इसी प्रकार से, विशेषकर बहुभाषी कक्षा में, अनुवाद को विभिन्न प्रकार से प्रयुक्त किया जा सकता है।

मूल्यांकन की विशेषताएँ Characteristics of Evaluation

यथार्थता

- पर बल दिया गया है उन्हीं का परीक्षण होना चाहिए अर्थात् शिक्षण के माध्यम से विद्यार्थियों को जो सिखाया पढ़ाया गया है मूल्यांकन उसी पर आधारित होना चाहिए। मूल्यांकन यथार्थवादी होना आवश्यक है।

विश्वसनीयता

- मूल्यांकन में विश्वसनीयता अत्यन्त आवश्यक है। किसी शिक्षक द्वारा समय अन्तराल से उसी विद्यार्थी का मूल्यांकन किया जाता है तो विद्यार्थी का स्थान वही होना चाहिए जो पूर्व में मापन एवं मूल्यांकन द्वारा प्राप्त हुआ था। प्राप्तांको में भी असमानता न हो।

जाँच में सुगमता

- मूल्यांकन पद्धति इतनी सुगम होनी चाहिए जिससे विद्यार्थियों की क्षमताओं योग्यताओं तथा शैक्षणिक कुशलताओं की जाँच सुगमता से की जा सके तथा उनकी कमियों और योग्यता को बताया जा सके।

वस्तुनिष्ठता

- प्रश्न ऐसा बनाना चाहिए जिसका उत्तर एक ही हो । वस्तुनिष्ठता होने से मूल्यांकन में किसी प्रकार की मनमानी नहीं हो सकती इससे मूल्यांकन सच्चा होता है। व्यावहारिकता मूल्यांकन व्यावहारिक होना चाहिए ताकि उसे व्यवहार में लाया जा सके।

वैज्ञानिकता

- मूल्यांकन सत्यता, यथार्थता, वैधता, व्यावहारिकता और वस्तुनिष्ठता के गुण और के लक्षणों के अनुकूल होने पर वैज्ञानिक दृष्टिकोण से ओतप्रोत हो सकता है। प्रश्नों के निर्माण में भी वैज्ञानिकता होनी चाहिए।

तार्किकता

- पाठ्यक्रम की समस्त इकाइयों से प्रश्न पूछे जाते हैं इससे विद्यार्थियों की चयन प्रवृत्ति समाप्त हो जाती है और वह सम्पूर्ण अध्ययन हेतु तत्पर होता है। अनेक प्रश्न तार्किक प्रश्न स्तर पर तैयार किए जाते हैं जिससे वैज्ञानिकता की विशेषता के साथ तार्किकता का गुण भी आ जाता है।

अध्यापन अधिगम सामग्रियां: पाठ्यपुस्तक, मल्टी मीडिया सामग्री कक्षा का बहुभाषायी संसाधन।

शिक्षण अधिगम सहायक सामग्री की परिभाषा –

कार्टर ए. गुड के अनुसार – "कोई भी ऐसी सामग्री जिसके माध्यम से शिक्षण प्रक्रिया को उद्दीप्त किया जा सके अथवा श्रवण इन्द्रियाँ संवेदनाओं के द्वारा आगे बढ़ाये जा सके वह सहायक सामग्री कहलाती है।"

ई. सी. डेंटा के अनुसार – "शिक्षण सामग्री का अर्थ उस समस्त सामग्री से है, जो कक्षा में अथवा अन्य शिक्षण परिस्थिति में लिखित अथवा बोली हुई पाठ्य-सामग्री में सहायता देती है।

शिक्षण अधिगम सहायक सामग्री

शिक्षण अधिगम सहायक सामग्री तीन प्रकार के होते हैं -

1. श्रव्य सहायक सामग्री

श्रव्य सहायक सामग्री वह है जिसके द्वारा बच्चे सुनकर ज्ञान प्राप्त करते हैं उसको श्रव्य सहयक सामग्री कहा जाता है. जैसे – रेडियो, टेप रिकॉर्डर, मौखिक उदहारण आदि।

- **रेडियो –** रेडियो के माध्यम से बच्चों के अधिगम प्रक्रिया को प्रभावशाली बनाया जाता है। इसके माध्यम से बच्चों को न्यूज़, सामान्य ज्ञान आदि सुनाया जाता है, जिसके द्वारा बच्चों में सुनकर सीखने की इच्छा जागृत होती है और इससे उनको बहुत कुछ सीखने को मिलता है।
- **टेप रिकॉर्डर –** टेप रिकॉर्डर की मदद से शिक्षक कोई भी कहानी, प्रसारण कसेट में रिकॉर्ड करके बच्चों को टेप रिकॉर्डर द्वारा सुनाया जाता है, जिससे बच्चों को सुनकर सीखने मिलती है।
- **मौखिक उदहारण –** मौखिक उदहारण के माध्यम से शिक्षक बच्चों को जब कोई प्रकरण पढ़ता है, तो शिक्षक बच्चों को समझाने के लिए उदहारण देते हैं. इससे बच्चों को जल्दी समझ में आता है और यह एक शिक्षक के लिए भी आसान होता है।

2. दृश्य सहायक सामग्री –

जिसके द्वारा बच्चे देखकर ज्ञान प्राप्त करते हैं उसको दृश्य सहायक सामग्री कहते हैं. जैसे – चार्ट, मॉडल, श्यामपट, मानचित्र आदि।

- **चार्ट –** चार्ट के माध्यम से शिक्षक बच्चों को प्रकरण (टॉपिक) को सरल तरीके से समझाने के लिए चार्ट का उपयोग करते हैं। इसमें टॉपिक से संबंधित डायग्राम, चित्र आदि बनाकर समझाया जाता है।

- **मॉडल –** विज्ञान एवं टेक्निकल विषयों के लिए मॉडल का उपयोग किया जाता है. विज्ञान एवं टेक्निकल विषयों को मॉडल के द्वारा ज्यादा गहराई से समझाया जा सकता है।
- **श्यामपट्ट –** श्याम पट्ट शिक्षण प्रक्रिया में बहुत जरुरी है, क्योंकि पढाई की शुरुआत श्यामपट्ट से ही होती है। जब शिक्षक हमें कोई टॉपिक पढ़ा रहे होते हैं, तो उसमें बहुत सारे कठिन शब्द या प्रश्न होते हैं, जिनको शिक्षक तुरंत श्यामपट्ट पर लिखते हैं, और बच्चों को उनका अर्थ भी समझाते हैं। इसलिए श्यामपट्ट को शिक्षण सहायक सामग्रियों में बहुत महत्वपूर्ण बिंदु माना जाता है।
- **मानचित्र –** मानचित्र के द्वारा बच्चों को किसी भी स्थान की भौगोलिक परिस्थिति, उसके द्वारा पड़ने वाले सामाजिक प्रभावों को भी आसानी से समझा जा सकता है. मानचित्र के द्वारा राज्यों, देशों, महादेशों आदि के बारे में जान सकते हैं. नदियों, सागरों, महासागरों आदि की स्थिति प्रवाह आदि जान सकते है. वनों, पर्वतों, पर्वत श्रृंखलाओं आदि के बारे में अच्छे से समझा सकते हैं।

3. श्रव्य-दृश्य सहायक सामग्री –

जिसके द्वारा बच्चे सुनकर और देखकर दोनों प्रकार से ज्ञान प्राप्त करते हैं, उसको श्रव्य-दृश्य सहायक सामग्री कहा जाता है. जैसे – टेलिविजन, प्रोजेक्टर, नाटक, कंप्यूटर, चलचित्र आदि। श्रव्य-दृश्य सहायक सामग्री के द्वारा बच्चों को ज्यादा आसानी से समझ में आता है और हमेशा याद भी रह जाता है।

- **प्रोजेक्टर –** प्रोजेक्टर के द्वारा बच्चों को Audio-Visual तरीके से आसानी से समझाया जा सकता है. इसके द्वारा शिक्षक पहले से तैयार टॉपिक को बड़ी सरलता के साथ बच्चों तक पहुँचाया जा सकता है।
- **कंप्यूटर –** शिक्षा के क्षेत्र में कंप्यूटर ने Education की क्वालिटी को काफी आगे तक बढाया है. कंप्यूटर के द्वारा बच्चों की शिक्षण से सम्बंधितत सारे रिकॉर्ड को आसानी से रखा जा सकता है तथा जरुरत पड़ने पर देखा भी जा सकता है। कंप्यूटर के द्वारा बच्चों को Internet के माध्यम से काफी सरे नए Research तथा नयी टेक्नोलॉजी के बारे में अवगत कराया जा सकता है।
- **नाटक –** नाटक शिक्षा के क्षेत्र में काफी समय पहले से चला आ रहा Audio-Visual माध्यम है। इसके द्वारा बच्चों को भाव-भंगिमा के माध्यम से सिखाया जा सकता है।

परिक्षेपण के आधार पर दो प्रकार के सामग्री होती है –

1. **प्रक्षेपी सामग्री –** प्रक्षेपी सामग्री में मशीनों के द्वारा प्रदार्शन किया जाता है, जैसे – प्रोजेक्टर, स्लाइड आदि।

2. **अप्रक्षेपी सामग्री –** अप्रक्षेपी सामग्री में प्रदार्शन के लिए मशीने की जरुरत नहीं पड़ती है. जैसे – श्यामपट, चार्ट आदि।
   - ग्राफ़िक्स चित्र – Comics, Cartoon
   - डिस्प्ले सामग्री – ब्लैकबोर्ड, फ्लेनेट बोर्ड
   - त्रिआयामी सामग्री – मॉडल, चार्ट
   - प्रक्षेपी सामग्री – स्लाइड, प्रोजेक्टर
   - प्रक्रिया सामग्री – अभिनय करना, क्षेत्र भ्रमण करनाश्रव्य सहायक सामग्री –
   - श्रव्य सामग्री – रेडियो, टेप रिकॉर्डर आदि.

उपचारात्मक अध्यापन

उपचारात्मक शिक्षण का अर्थ Remedial Teaching

यह विधि मनोवैज्ञानिक नहीं है। कमजोर तथा शिक्षण में पिछड़े छात्रों के निदानात्मक मूल्यांकन वे पश्चात् उनकी कमजोरी के क्षेत्र में सुधार के लिए उपचारात्मक शिक्षण का उपयोग होता है।
ब्लेअर या जोन्स ने उपचारात्मक शिक्षा के विषय में कहा है

66 "उपचाटात्मक थिक्षण मूलतः एक उत्तम शिक्षण विधि है जो छात्रों को अपने मानसिक स्तर के अनुदूप प्रगति करने का अवसट देती है। यह उसे प्रेटणा की आन्तरिक विधियों के द्वारा उसकी क्षमता के अनुसार उच्च मापदण्ड तक पहुँचाती है। यह कठिनाइयों के सतर्कतापूर्ण निदान पट आधाटित तथा छात्रों की आवश्यकताओं एवं कचियों के अनुकूल होती है।" 99

- निदानात्मक मूल्यांकन और उपचारात्मक शिक्षण एक-दूसरे से इस प्रकार जुड़े हुए हैं कि विश्लेषण और विवेचन के कार्यों के अतिरिक्त उनको पृथक् करना कठिन है।

उपचारात्मक शिक्षण के सिद्धान्त Principles of Remedial Teaching

- उपचारात्मक शिक्षण को सफल बनाने के लिए अध्यापक को निम्न सिद्धान्तों पर ध्यान देना चाहिए -
- अध्यापक एवं छात्र में निकट सम्बन्ध (Rapport) स्थापित किया जाए।
- उपचार की सम्पूर्ण व्यवस्था की योजना स्पष्ट रूप से बना लेनी चाहिए एवं उसके कार्यान्वयन में सावधानी से काम लिया जाए।
- अध्यापक अपने अनुभवों के आधार पर विस्तृत दृष्टिकोण अपनाए ।
- उपचारात्मक शिक्षण का प्रत्येक पहलू बालकों की आयु, रुचि, योग्यता एवं अनुभवों के अनुकूल हो।
- उपचारात्मक शिक्षण के दौरान बालकों की रुचि को बनाए रखने के लिए उन्हें पर्याप्त प्रोत्साहन देते रहना चाहिए।
- उपचार विधि की यह विशेषता होनी चाहिए कि उससे विद्यार्थी को अपनी सफलता के सम्बन्ध में शीघ्र परिणाम मिल सकें।
- प्रक्रिया के दौरान विद्यार्थी को अधिक-से-अधिक सक्रिय रखा जाए। कार्यानुभव हमारे उपचारात्मक शिक्षण का एक अनिवार्य अंग होना चाहिए।
- अध्यापकों को भी निदानात्मक परीक्षणों के निर्माण में दक्ष होना चाहिए।

उपचारात्मक शिक्षण के सिद्धान्त Principles of Remedial Teaching

- उपचारात्मक शिक्षण को सफल बनाने के लिए अध्यापक को निम्न सिद्धान्तों पर ध्यान देना चाहिए -

- अध्यापक एवं छात्र में निकट सम्बन्ध (Rapport) स्थापित किया जाए।
- उपचार की सम्पूर्ण व्यवस्था की योजना स्पष्ट रूप से बना लेनी चाहिए एवं उसके कार्यान्वयन में सावधानी से काम लिया जाए।
- अध्यापक अपने अनुभवों के आधार पर विस्तृत हष्टिकोण अपनाए ।
- उपचारात्मक शिक्षण का प्रत्येक पहलू बालकों की आयु, रुचि, योग्यता एवं अनुभवों के अनुकूल हो।
- उपचारात्मक शिक्षण के दौरान बालकों की रुचि को बनाए रखने के लिए उन्हें पर्याप्त प्रोत्साहन देते रहना चाहिए।
- उपचार विधि की यह विशेषता होनी चाहिए कि उससे विद्यार्थी को अपनी सफलता के सम्बन्ध में शीघ्र परिणाम मिल सकें।
- प्रक्रिया के दौरान विद्यार्थी को अधिक-से-अधिक सक्रिय रखा जाए। कार्यानुभव हमारे उपचारात्मक शिक्षण का एक अनिवार्य अंग होना चाहिए।

पिछड़े बालकों के लिए उपचारात्मक शिक्षण

- उपचारात्मक शिक्षण के अन्तर्गत कक्षा के वर्ग बनाते समय कमजोर बालकों को एक ही वर्ग के रखा जाए, तो अध्यापक उनकी प्रगति में सहायक हो सकता है। कक्षा में ऐसे बालकों की संख्या 20-25 से अधिक नहीं होनी चाहिए। कमजोर छात्रों में व्यक्तिगत परामर्श द्वारा अध्यापन सम्बन्धी वॉछनीय आदतों का विकास किया जा सकता है। गणित में सफलता के लिए नियमित अभ्यास का कार्यक्रम आवश्यक है।
- कमजोर बालकों के अध्यापन को प्रभावी बनाने के लिए निम्न उपाय करने चाहिए कक्षा में गणित की समस्याओं को हल करते समय छात्रों का ध्यान विशेष रूप में उन प्रत्ययो सिद्धान्तों, प्रक्रियाओं आदि की ओर खींचा जाए जिनमें छात्र त्रुटियाँ करते हैं। कमजोर छात्रों के लिए मॉडल, चार्ट आदि का प्रयोग कर प्रत्ययों को स्पष्ट किया जाए।
- छात्रों को कक्षा में तथा कक्षा के बाद आवश्यकतानुसार व्यक्तिगत परामर्श देकर गणित के सीखने में सहायता की जानी चाहिए।
- छात्रों के लिखित कार्य में सुधार यथासम्भव उनके समक्ष ही हो तथा सुधरी हुई त्रुटियों को छात्र फिर से न दोहराएँ।

सामान्य हिंदी सम्बंधित बहुविकल्पीय प्रश्न

1. मध्यकालीन अरबी तथा फारसी साहित्य में भारत की भाषाओं के लिए किस शब्द का प्रयोग मिलता है ?

(A) रेख्ता

(B) दूहा

(C) जबान

(D) हिन्दी

उत्तर- (C)

2. 'खालिकबारी' किसकी रचना है?

(A) खालिक खलक

(B) रहीम

(C) अमीर खुसरो

(D) अकबर

उत्तर- (C)

3. खड़ी बोली हिन्दी में सर्वप्रथम रचना करने वाले कवि का नाम है।

(A) जायसी

(B) खुसरो

(C) विद्यापति

(D)भारतेन्दु

उत्तर- (B)

4. हिन्दी के उद्भव का सही क्रम हैं।

(A) पालि, प्राकृत, अपभ्रंश, अवहट्ठ

(B) प्राकृत, पालि, अवहट्ठ, अपभ्रंश

(C) अपभ्रंश, प्राकृत, अवहट्ठ, पालि

(D) अवहट्ठ, प्राकृत, पालि, अपभ्रंश

उत्तर- (A)

5. अपभ्रंश को 'पुरानी हिन्दी' किसने कहा था?

(A) ग्रियर्सन

(B) श्यामसुन्दर दास

(C) चन्द्रधर शर्मा 'गुलेरी'

(D) भारतेन्दु

उत्तर- (C)

6. साहित्यिक अपभ्रंश को पुरानी हिन्दी किसने कहा था ?

(A) आचार्य रामचन्द्र शुक्ल

(B) हजारी प्रसाद द्विवेदी

(C) शिवसिंह सेंगर

(D) राहुल सांकृत्यायन

उत्तर- (A)

7. अपभ्रंश की उत्तरकालीन अवस्था का नाम है।

(A) पालि

(B) प्राकृत

(C) संस्कृत

(D) अवहट्ठ

उत्तर- (D)

8. शौरसेनी अपभ्रंश से किस उपभाषा का विकास हुआ?

(A) बिहारी

(B) राजस्थानी

(C) बांग्ला

(D) पंजाबी

उत्तर- (B)

9. अपभ्रंश और पुरानी हिन्दी के मध्य का समय कहा जाता है।

(A) उत्कर्ष काल

(B) अवसान काल

(C) संक्रान्ति काल

(D) प्राकृत काल

उत्तर- (C)

10. चन्द्रधर शर्मा 'गुलेरी' ने किसको पुरानी हिन्दी का प्रथम कवि माना है?

(A) सरहपाद

(B) स्वयंभू

(C) राजामुंज

(D) पुष्पदन्त

उत्तर- (C)

11. अपभ्रंश को 'प्राकृताभास' हिन्दी किसने कहा है?

(A) चन्द्रधर शर्मा 'गुलेरी'

(B) राहुल सांकृत्यायन

(C) रामचन्द्र शुक्ल

(D) हजारीप्रसाद द्विवेदी

उत्तर- (C)

12. 'पंजाबी' का विकास अपभ्रंश के किस रूप से हुआ है?

(A) महाराष्ट्री

(B) मागधी

(C) ब्राचड़

(D) पैशाची

उत्तर- (D)

13. बिहारी, बांग्ला, उड़िया और असमिया भाषाओं का उद्भव किस अपभ्रंश से हुआ है?

(A) मागधी

(B) अर्द्धमागधी

(C) पैशाची

(D) शौरसेनी

उत्तर- (A)

14. अर्द्धमागधी अपभ्रंश से किसका विकास हुआ है।

(A) पश्चिमी हिन्दी

(B) पूर्वी हिन्दी

(C) मराठी

(D) गुजराती

उत्तर- (B)

15. शौरसेनी अपभ्रंश से उत्पन्न भाषाएँ हैं।

(A) ब्रजभाषा, अवधी, कुमाऊँनी और गढ़वाली

(B) पश्चिमी हिन्दी, राजस्थानी, पहाड़ी और गुजराती

(C) बिहारी, बांग्ला, उड़िया और असमिया

(D) लँहदा, पंजाबी, गुजराती और मराठी

उत्तर- (B)

16. सिन्धी भाषा का उद्भव हुआ है।

(A) ब्राचड़ अपभ्रंश से

(B) पैशाची अपभ्रंश से

(C) मागधी अपभ्रंश से

(D) शौरसेनी अपभ्रंश से

उत्तर- (A)

17. 'अवधी' का उद्भव किस अपभ्रंश से हुआ है?

(A) शौरसेनी

(B) पैशाची

(C) मागधी

(D) अर्द्धमागधी

उत्तर- (D)

18. कचहरियों में हिन्दी प्रवेश आन्दोलन का मुखपत्र किस पत्र को कहा जाता है?

(A) कविवचन सुधा

(B) समाचार सुधावर्षण

(C) हिन्दी प्रदीप

(D) भारत-मित्र

उत्तर- (D)

19. नागरी प्रचारिणी सभा का स्थापना वर्ष है।

(A) 1893 ई.

(B) 1857 ई.

(C) 1902 ई.

(D) 1917 ई.

उत्तर- (A)

20. नागरी प्रचारिणी सभा के संस्थापकों में थे।

(A) शिवकुमार सिंह और बाबू श्यामसुन्दर दास

(B) रामचन्द्र शुक्ल और भारतेन्दु हरिश्चन्द्र

(C) पं. प्रतापनारायण मिश्र और बालकृष्ण भट्ट

(D) जगन्नाथ दास रत्नाकर और शिवप्रसाद गुप्त

उत्तर- (A)

21. काशीनागरी प्रचारिणी सभा के संस्थापकों में कौन नहीं है?

(A) बाबू श्यामसुन्दर दास

(B) ठा. शिवकुमार सिंह

(C) रामनारायण मिश्र

(D) रामचन्द्र शुक्ल

उत्तर- (D)

22. फोर्ट विलियम कॉलेज की स्थापना कब हुई?

(A) 1801 ई.

(B) 1810 ई.

(C)1800 ई.

(D) 1802 ई.

उत्तर- (C)

23. फोर्ट विलियम कॉलेज की स्थापना कहाँ हुई?

(A) लखनऊ

(B) हैदराबाद

(C) दिल्ली

(D) कलकत्ता

उत्तर- (D)

24. महावीर प्रसाद द्विवेदी को किस वर्ष 'सरस्वती पत्रिका' के सम्पादक के रूप में नियुक्त किया गया?

(A) वर्ष 1900

(B) वर्ष 1903

(C) वर्ष 1906

(D) वर्ष 1909

उत्तर- (B)

25. संविधान सभा में हिन्दी को राजभाषा बनाने का प्रस्ताव किसने रखा?

(A) गोपाल स्वामी आयंगर

(B) सरदार वल्लभ भाई पटेल

(C) डॉ. भीमराव अम्बेडकर

(D) पं. जवाहरलाल नेहरू

उत्तर- (A)

26. भारतीय संविधान में हिन्दी को मान्यता कब मिली?

(A) 26 जनवरी, 1950

(B) 14 सितम्बर, 1949

(C) 15 अगस्त, 1947

(D) 14 सितम्बर, 1955

उत्तर- (B)

27. भारतवर्ष के लिए हिन्दी भाषा का नाम सबसे पहले किसने सुझाया?

(A) राजा राममोहन राय

(B) महात्मा गाँधी

(C) रवीन्द्रनाथ ठाकुर

(D) मदनमोहन मालवीय

उत्तर- (D)

28. भारतीय भाषाओं को भारतीय संविधान की किस अनुसूची में शामिल किया गया है?

(A) सप्तम

(B) अष्टम

(C) नवम

(D) दशम

उत्तर- (B)

29. संविधान के किस अनुच्छेद में कहा गया है कि संघ की राजभाषा हिन्दी और लिपि देवनागरी होगी?

(A) 343

(B) 344

(C) 345

(D) 346

उत्तर- (A)

30. इनमें से किसको संविधान की अष्टम अनुसूची में सम्मिलित नहीं किया गया?

(A) डोगरी

(B) मैथली

(C) ब्रज

(D) असमिया

उत्तर- (C)

31. 'वैज्ञानिक तथा तकनीकी शब्दावली आयोग' की स्थापना किस वर्ष हुई?

(A) वर्ष 1961

(B) वर्ष 1960

(C) वर्ष 1965

(D) वर्ष 1963

उत्तर- (A)

32. हिन्दी की 'उपभाषाएँ' कितनी है?

(A) तीन

(B) चार

(C) पाँच

(D) छः

उत्तर- (C)

33. इनमें कौन-सी बोली पूर्वी हिन्दी की नहीं है?

(A) अवधी

(B) बिहारी

(C) बघेली

(D) छत्तीसगढ़

उत्तर- (B)

34. पश्चिमी हिन्दी की बोली नहीं है।

(A) कौरवी

(B) हरियाणी

(C) अवधी

(D) बुन्देली

उत्तर- (C)

35. पश्चिमी हिन्दी की बोलियों की संख्या है।

(A) दो

(B) तीन

(C) चार

(D) पाँच

उत्तर- (D)

36. पूर्वी हिन्दी की बोलियाँ है।

(A) अवधी, बघेली एवं छत्तीसगढ़ी

(B) ब्रज, अवधी और कन्नौजी

(C) भोजपुरी, बघेली, छत्तीसगढ़ी

(D) मैथली, ब्रज और कन्नौजी

उत्तर- (A)

37. भोजपुरी, मगही और मैथली बोलियाँ किससे सम्बन्धित है?

(A) पश्चिमी हिन्दी

(B) पूर्वी हिन्दी

(C) हिन्दी बिहारी

(D) राजस्थानी हिन्दी

उत्तर- (C)

38. गुड़गाँव, दिल्ली तथा करनाल के पश्चिमी क्षेत्रों में बोली जाने वाली 'अहीरवाटी' का सम्बन्ध किससे है?

(A) पूर्वी राजस्थानी

(B) पश्चिमी राजस्थानी

(C) उत्तरी राजस्थानी

(D) दक्षिणी राजस्थानी

उत्तर- (C)

39. 'मैथली' में साहित्य सृजन करने वाला रचनाकार कौन है?

(A) विद्यापति

(B) भारतेन्दु

(C) सरहपाद

(D) अज्ञेय

उत्तर- (A)

40. पूर्वी राजस्थानी का एक अन्य नाम है।

(A) मेवाती

(B) ढूँढाड़ी

(C) मारवाड़ी

(D) मालवी

उत्तर- (B)

41. निम्नलिखित में से किस बोली में कृष्ण काव्य और रीतिकालीन साहित्य का सृजन हुआ?

(A) अवधी

(B) भोजपुरी

(C) ब्रजभाषा

(D) कौरवी

उत्तर- (C)

42. गोस्वामी तुलसीदास की रचना 'कवितावली' किस भाषा की रचना है?

(A) अवधी

(B) ब्रजभाषा

(C) मैथली

(D) बुन्देली

उत्तर- (B)

43. शकुन्तला नाटक का खड़ी बोली में अनुवाद किसने किया?

(A) राजा शिवप्रसाद 'सितारे हिन्द'

(B) राजा लक्ष्मण सिंह

(C) भारतेन्दु हरिश्चन्द्र

(D) गिरिधर दास

उत्तर- (B)

44. खड़ी बोली कहाँ बोली जाती है?

(A) झाँसी

(B) कानपुर

(C) मेरठ

(D) अलीगढ़

उत्तर- (C)

45. खड़ी बोली के लिए सुनीति कुमार चटर्जी ने किस शब्द का प्रयोग किया है?

(A) जनपदीय हिन्दुस्तानी

(B) वर्नाक्युलर हिन्दुस्तानी

(C) कौरवी

(D) रेख्ता

उत्तर- (A)

46. किस क्षेत्र की बोली को 'काशिका' कहा गया है?

(A) बाँसवाड़ा

(B) आरा-भोजपुर

(C) बनारस

(D) मगध

उत्तर- (C)

47. पश्चिमी हिन्दी किस अपभ्रंश से विकसित है?

(A) प्राकृत

(B) मागधी

(C) शौरसेनी

(D) अर्द्धमागधी

उत्तर- (C)

48. निम्नलिखित में से कौन-सी द्रविड़ परिवार की भाषा है?

(A) उड़िया

(B) बांग्ला

(C) असमिया

(D) कन्नड़

उत्तर- (D)

49. पश्चिमी हिन्दी की सर्वाधिक प्रमुख बोली इनमें से कौन-सी है?

(A) ब्रजभाषा

(B) खड़ी बोली

(C) बुन्देली

(D) बाँगरू

उत्तर- (A)

50. ब्रजभाषा किस अपभ्रंश से विकसित है?

(A) शौरसेनी

(B) मागधी

(C) अर्द्धमागधी

(D) पैशाची

उत्तर- (A)

51. खड़ी बोली का प्रयोग सबसे पहले किस पुस्तक में हुआ?

(A) भक्तिसागर

(B) सुखसागर

(C) काव्यसागर

(D) प्रेमसागर

उत्तर- (D)

52. 'खड़ी बोली' का दूसरा नाम है।

(A) मगही

(B) कौरवी

(C) हिन्दुस्तानी

(D) बघेली

उत्तर- (B)

53. 'रामचरितमानस' किस भाषा में लिखी गई?

(A) ब्रज

(B) भोजपुरी

(C) अवधी

(D) मागधी

उत्तर- (C)

54. हिन्दी भाषा की बोलियों के वर्गीकरण के आधार पर छत्तीसगढ़ी बोली है।

(A) पूर्वी हिन्दी

(B) पश्चिमी हिन्दी

(C) पहाड़ी हिन्दी

(D) राजस्थानी हिन्दी

उत्तर- (A)

55. 'मैथली' का विकास किस अपभ्रंश से माना जाता है?

(A) शौरसेनी अपभ्रंश

(B) मागधी अपभ्रंश

(C) अर्द्धमागधी अपभ्रंश

(D) महाराष्ट्री अपभ्रंश

उत्तर- (B)

56. तुलसी कृत 'विनय पत्रिका' की भाषा है।

(A) अवधी

(B) ब्रज

(C) कन्नौजी

(D) कौरवी

उत्तर- (B)

57. निम्नलिखित बोलियों में से कौन सी बोली उत्तर प्रदेश में नहीं बोली जाती है?

(A) अवधी

(B) ब्रज

(C) खड़ी बोली

(D) मैथली

उत्तर- (D)

58. देवनागरी लिपि की उत्पत्ति किससे हुई?

(A) खरोष्ठी

(B) ब्राह्मी

(C) पैशाची

(D) कैथी

उत्तर- (B)

59. अधिकतर भारतीय भाषाओं का विकास किस लिपि से हुआ?

(A) शारदा लिपि

(B) खरोष्ठी लिपि

(C) कुटिल लिपि

(D) ब्राह्मी लिपि

उत्तर- (D)

60. हिन्दी भाषा किस लिपि में लिखी जाती है?

(A) देवनागरी

(B) गुरुमुखी

(C) ब्राह्मी

(D) सौराष्ट्री

उत्तर- (A)

61. 'मॉरिशस का प्रेमचन्द्र' किसे कहा जाता है?

(A) हरिशंकर आदेश

(B) रामदेव रघुवीर

(C) अभिमन्यु अनन्त

(D) हरिमानक

उत्तर- (C)

62. दसवाँ विश्व हिन्दी सम्मेलन (World Hindi Conference) वर्ष 2015 का आयोजन स्थल था।

(A) न्यूयॉर्क (अमेरिका)

(B) जोहानसबर्ग (दक्षिण अफ्रीका)

(C) लन्दन (ब्रिटेन)

(D) भोपाल (भारत)

उत्तर- (D)

63. 'लाल पसीना' उपन्यास के लेखक कौन है?

(A) रामदेव रघुवीर

(B) अभिमन्यु अनन्त

(C) सूर्य प्रसाद वीरे

(D) सहोदरा शिव

उत्तर- (B)

64. इनमे से किस बोली का बिहारी हिन्दी से सम्बन्ध नहीं है?

(A) अवधी

(B) मगही

(C) भोजपुरी

(D) मैथली

उत्तर- (A)

65. 'दोहा' (दूहा) मूलतः किस भाषा का छन्द है?

(A) प्राकृत

(B) अपभ्रंश

(C) हिन्दी

(D) संस्कृत

उत्तर- (B)

सामान्य हिंदी में पूछे जाने वाले प्रश्न-उत्तर

- संविधान की आठवीं अनुसूची में शामिल की गई चार नई भाषाएँ हैं? →संथाली, मैथिली,बोडो और डोगरी
- भारतीय भाषाओं को कितने प्रमुख वर्गों में बाँटा गया है? →4
- भारत में सबसे अधिक बोला जाने वाला भाषायी समूह है? →इण्डो-आर्यन
- भारत में सबसे कम बोला जाने वाला भाषायी समूह है? →चीनी-तिब्बती
- ऑस्ट्रिक भाषा समूह की भाषाओं को बोलने वालों को कहा जाता है?→ किरात
- 'जो जिण सासण भाषियउ सो मई कहियउ सारु। जो पालइ सइ भाउ करि सो तरि पावइ पारु॥' इस दोहे के रचनाकार का नाम है?→ देवसेन
- चीनी-तिब्बती भाषा समूह की भाषाओं के बोलने वालों को कहा जाता है?→ निषाद
- अपभ्रंश के योग से राजसाषानी भाषा का जो साहित्यिक रूप बना, उसे कहा जाता है?→ डिंगल भाषा
- 'एक नार पिया को भानी। तन वाको सगरा ज्यों पानी।' यह पंक्ति किस भाषा की है?→ ब्रजभाषा
- अमीर ख़ुसरो ने जिन मुकरियों, पहेलियों और दो सुखनों की रचना की है, उसकी मुख्य भाषा है?→खड़ीबोली
- देवनागरी लिपि को राष्ट्रलिपि के रूप में कब स्वीकार किया गया था?→ 14 सितम्बर, 1949
- 'रानी केतकी की कहानी' की भाषा को कहा जाता है?→ खड़ीबोली
- प्रादेशिक बोलियों के साथ ब्रज या मध्य देश की भाषा का आश्रय लेकर एक सामान्य साहित्यिक भाषा स्वीकृत हुई, जिसे चारणों ने नाम दिया?→ पिंगल भाषा
- निम्नलिखित में से कौन प्रेमचंद की एक रचना है? →पंच-परमेश्वर
- 'बाँगरू' बोली का किस बोली से निकट सम्बन्ध है? →खड़ीबोली
- डोगरी भाषा मुख्य रूप से कहाँ बोली जाती है? →जम्मू कश्मीर
- भारत के किस प्रान्त में कोंकणी भाषा बोली जाती है?→ महाराष्ट्र तथा गोवा
- आन्ध्र प्रदेश की राजकीय भाषा है?→ तेलुगु
- आचार्य हज़ारीप्रसाद द्विवेदी के उस इतिहास ग्रंथ का नाम बतलाइए जिसमें मात्र आदिकालीन हिन्दी साहित्य सम्बन्धी सामग्री संग्रहीत है?→ हिन्दी साहित्य का आदिकाल
- आचार्य रामचन्द्र शुक्ल ने किन दो प्रमुख तथ्यों को ध्यान में रखकर 'हिन्दी साहित्य के इतिहास' के काल खण्डों का नामकरण किया है?→ ग्रंथों की प्रचुरता एवं ग्रंथों की प्रसिद्धि
- इनमें किस इतिहासकार ने सर्वप्रथम रीतिकालीन कवियों के सर्वाधिक परिचयात्मक विवरण दिए हैं?→मिश्रबन्धु
- 'हिन्दी साहित्य का अतीत: भाग- एक' के लेखक का नाम है? →डॉ. विश्वनाथ प्रसाद मिश्र

- प्रेम लक्षणा भक्ति को किस भक्ति शाखा ने अपनी साधना का मुख्य आधार बनाया है?→ कृष्णभक्ति शाखा
- मनुष्यत्व की सामान्य भावना को आगे करके निम्न श्रेणी की जनता में आत्म- गौरव का भाव जगाने वाले सर्वश्रेष्ठ कवि थे? →कबीर
- 'हंस जवाहिर' रचना किस सूफ़ी कवि द्वारा रची गई थी? →क़ासिमशाह
- 'देखन जौ पाऊँ तौ पठाऊँ जमलोक हाथ, दूजौ न लगाऊँ, वार करौ एक करको।' ये पंक्तियाँ किस कवि द्वारा सृजित हैं? →नाभादास
- 'भक्तमाल" भक्तिकाल के कवियों की प्राथमिक जानकारी देता है, इसके रचयिता थे? →नाभादास
- अमीर ख़ुसरो ने किसके विकास में अग्रणी भूमिका निभाई? →खड़ी बोली
- त्रिपुरा की राजभाषा है? →बांग्ला
- 'हरिश्चन्द्री हिन्दी' शब्द का प्रयोग किस इतिहासकार ने अपने इतिहास ग्रंथ में किया है? →रामचन्द्र शुक्ल
- आँख की किरकिरी होने का अर्थ है→अप्रिय लगना
- लाल पीला होने का अर्थ है→क्रोध करना
- 'नमक का दरोगा' कहानी के लेखक हैं→प्रेमचंद
- इनमें किस नाटककार ने अपने नाटकों के लिए रंगमंच को अनिवार्य नहीं माना है? →जयशंकर प्रसाद
- 'प्रभातफेरी' काव्य के रचनाकार कौन हैं? →नरेन्द्र शर्मा
- 'निशा -निमंत्रण' के रचनाकार कौन हैं? → हरिवंश राय बच्चन
- बिहारी किस राजा के दरबारी कवि थे? →जयपुर नरेश जयसिंह के
- 'अतीत के चलचित्र' के रचयिता हैं→महादेवी वर्मा
- तुलसीदास का वह ग्रंथ कौन-सा है, जिसमें ज्योतिष का वर्णन किया गया है? →रामाज्ञा प्रश्नावली
- 'रामचरितमानस' में प्रधान रस के रूप में किस रस को मान्यता मिली है? →भक्ति रस
- सर्वप्रथम किस आलोचक ने अपने किस ग्रंथ में 'देव बड़े हैं कि बिहारी' विवाद को जन्म दिया?→मिश्रबंधु : हिन्दी नवरत्न
- इनमें किस आलोचक ने अपना कौन सा आलोचना ग्रंथ लिखकर हिन्दी के स्नातकोत्तर कक्षाओं के पाठ्यक्रम में आलोचना के अभाव को पूरा करने का सर्वप्रथम सफल प्रयास किया था? →श्यामसुन्दर दास : साहित्यालोचन
- आचार्य रामचन्द्र शुक्ल ने 'त्रिवेणी' में किन तीन महाकवियों की समीक्षाएँ प्रस्तुत की हैं? →सूर, तुलसी, जायसी
- आचार्य रामचन्द्र शुक्ल के अनुसार इनमें एक ऐसा कवि है, जिसका 'वियोग वर्णन, वियोग वर्णन के लिए ही है, परिस्थिति के अनुरोध से नहीं'? →कबीर

- 'सुन्दर परम किसोर बयक्रम चंचल नयन बिसाल। कर मुरली सिर मोरपंख पीतांबर उर बनमाल॥ ये पंक्तियाँ किस रचनाकार की हैं? →सूरदास
- रचनाकार की हैं?
- हिन्दी साहित्य के इतिहास के सर्वप्रथम लेखक का नाम क्या है? → गार्सा द तासी
- 'पद्मावत' किसकी रचना है? →मलिक मुहम्मद जायसी
- 'बैताल पच्चीसी' के रचनाकार हैं→सूरति मिश्र
- 'लहरें व्योम चूमती उठती। चपलाएँ असंख्य नचती।' पंक्ति जयशंकर प्रसाद के किस रचना का अंश है?→कामायनी
- किस छायावादी कवि ने संवाद शैली का सर्वाधिक उपयोग किया है? →जयशंकर प्रसाद
- व्यवस्थाप्रियता और विद्रोह का विलक्षण संयोग किस प्रयोगवादी कवि में सबसे अधिक मिलता है?→अज्ञेय में
- भारतेन्दु कृत 'भारत दुर्दशा' किस साहित्य रूप का हिस्सा है? →नाटक साहित्य
- 'जो अपनी जान खपाते हैं, उनका हक उन लोगों से ज़्यादा है, जो केवल रुपया लगाते हैं।' यह कथन 'गोदान' के किस पात्र द्वारा कहा गया है? →महतो
- 'पवित्रता की माप है मलिनता, सुख का आलोचक है दुःख, पुण्य की कसौटी है पाप।' यह कथन 'स्कन्दगुप्त' नाटक के किस पात्र का है? →देवसेना
- 'दोहाकोश' के रचयिता हैं→सरहपा
- 'प्रेमसागर' के रचनाकार हैं→लल्लू लालजी
- 'यह युग (भारतेन्दु) बच्चे के समान हँसता-खेलता आया था, जिसमें बच्चों की सी निश्छलता, अक्खड़पन, सरलता और तन्मयता थी।' यह कथन किस आलोचक का है? →आचार्य रामचन्द्र शुक्ल
- मनुष्य से बड़ा है उसका अपना विश्वास और उसका ही रचा हुआ विधान। अपने विश्वास और विधान के सम्मुख ही मनुष्य विवशता अनुभव करता है और स्वयं ही वह उसे बदल भी देता है॥' यह कथन किस उपन्यासकार ने लिखा है? →हज़ारी प्रसाद द्विवेदी
- वीरों का कैसा हो वसंत कविता के रचयिता हैं? →सुभद्रा कुमारी चौहान
- 'आँसू' (काव्य) के रचयिता हैं→जयशंकर प्रसाद
- सही वर्तनी का चयन कीजिए? →परीक्षा
- 'पंचवटी' कौन-सा समास है? →द्विगु
- 'निरुत्तर' शब्द का शुद्ध सन्धि विच्छेद है? →निः + उत्तर
- 'रामचरितमानस' में कितने काण्ड हैं? →(7)
- निम्नलिखित में से कौन सा एक व्यंग्य लेखक है? →हरिशंकर परसाई
- शुद्ध शब्द क्या है? →कवयित्री
- 'इतिहास' शब्द का शुद्ध विशेषण है-→ऐतिहासिक

- 'नवनीत' शब्द का सही अर्थ है-→मक्खन
- 'प्राचीन' का विलोम है-→अर्वाचीन
- 'मनुष्यता' का विपरीतार्थक है-→बर्बरता
- किस काल को स्वर्णकाल कहा जाता है? →भक्ति काल
- सूरदास के गुरु कौन थे? →बल्लभाचार्य
- 'जिसका जन्म न हो' एक शब्द बताएँ? →अजन्मा
- कौन सा वाक्य शुद्ध है? →रामचरितमानस' एक धार्मिक ग्रंथ है
- "कनक-कनक ते सौ गुनी मादकता अधिकाय" में कौन-सा अलंकार है? →यमक
- खड़ीबोली का अरबी-फ़ारसीमय रूप है? →उर्दू भाषा
- हिन्दी भाषा का पहला समाचार-पत्र 'उदंत मार्तण्ड' किस सन् में प्रकाशित हुआ था? →1826
- हिन्दी के किस समाचार-पत्र में 'खड़ीबोली' को 'मध्यदेशीय भाषा' कहा गया है? →बनारस अखबार
- 'गाथा' (गाहा) कहने से किस लोक प्रचलित काव्यभाषा का बोध होता है? →प्राकृत
- सिद्धों की उद्धृत रचनाओं की काव्य भाषा है? →देशभाषा मिश्रित अपभ्रंश अर्थात् पुरानी हिन्दी
- अपभ्रंश भाषा के प्रथम व्याकरणाचार्य थे? →हेमचन्द्र
- देवनागरी लिपि का विकास किस लिपि से हुआ है? →ब्राह्मी लिपि
- द्रविड़ भाषाओं में सर्वाधिक बोली जाने वाली भाषा है? →तेलुगु
- किस भाषा को द्रविड़ परिवार की सभी भाषाओं की जननी कहा जाता है? →तमिल
- किस भाषा को भारतीय आर्य भाषाओं की जननी, भारतीय आर्य संस्कृति का आधार, देवभाषा आदि नामों से जाना जाता है? →संस्कृत
- संस्कृत से सर्वाधिक प्रभावित द्रविड़ भाषा है? →तेलुगु
- भाषा के सम्बन्ध में 'हिन्दी' शब्द का प्रयोग सर्वप्रथम किसने किया? →अमीर ख़ुसरो
- भारतीय संविधान में हिनीधि को कहा गया है? →राजभाषा
- राजभाषा आयोग के अध्यक्ष थे? →बी.जी.खेर
- उर्दू किस भाषा का शब्द है? →तुर्की
- देश में एकमात्र किस राज्य की राजभाषा अंग्रेज़ी है? →नागालैंड
- बिहारी निम्नलिखित में से किस काल के कवि थे? →रीति काल
- आचार्य रामचन्द्र शुक्ल कृत 'हिन्दी साहित्य का इतिहास' की अधिकांश सामग्री पुस्तकाकार प्रकाशन के पूर्व 'हिन्दी शब्द- सागर' की भूमिका में छपी थी। इस भूमिका में उसका शीर्षक था? →हिन्दी साहित्य का विकास
- अवधी भाषा के सर्वाधिक लोकप्रिय महाकाव्य का नाम है? →रामचरितमानस

- "जिस कालखण्ड के भीतर किसी विशेष ढंग की रचनाओं की प्रचुरता दिखाई पड़ी है, वह एक अलग काल माना गया है और उसका नामकरण उन्हीं रचनाओं के अनुसार किया गया है" यह मान्यता किस इतिहासकार की है? →आचार्य रामचन्द्र शुक्ल
- केरल राज्य की राजकीय भाषा है? →मलयालम
- नागालैंड की राजकीय भाषा है? →अंग्रेज़ी
- हिनीलख को राजकीय भाषा (कार्यालय की भाषा) कब घोषित किया गया? →26 जनवरी, 1965
- निम्नलिखित में से कौन-सी भाषा भारतीय संविधान की आठवीं अनुसूची में नहीं दी गई है? →अंग्रेज़ी
- कौन-सी भाषा ऑस्ट्रिक समूह से सम्बन्धित है? →खासी
- निम्नलिखित भारतीय भाषाओं में कौन-सी भाषा द्रविड़ भाषा की उत्पत्ति नहीं है? →मराठी
- निम्नलिखित में से किस देश में अधिकतम संख्या में भाषाएँ बोली जाती हैं? →भारत
- अंगेलखज़ी भाषा को भारत में शिक्षा के माध्यम से आरंभ किया गया? →लॉर्ड मैकाले द्वारा
- हिनीलख साहितयज के प्रारंभिक काल को आचारयर शुकलत ने क्या कहा है? →वीरगाथा-काल
- भारत की प्राचीन भाषा है? →संस्कृत
- आसमान पर चढ़ाने का अर्थ है-→अत्यधिक प्रशंसा करना
- वीरगाथा काल के सर्वश्रेष्ठ कवि माने जाते हैं-→चन्दबरदाई
- "पृथ्वीराज रासो" के रचनाकार हैं-→चन्दबरदाई
- कबीरदास की भाषा क्या थी? →सधुक्कड़ी
- 'शिवा बावनी' के रचनाकार हैं-→भूषण
- बूँदी नरेश महाराज भावसिंह का आश्रित कवि निम्नलिखित में से कौन था? →मतिराम
- भूषण का निम्नलिखित में से कौन सा लक्षण ग्रंथ है? →शिवराज भूषण
- निम्नलिखित में से किस रचना की सर्वाधिक टीकाएँ लिखी गई हैं? →बिहारी सतसई
- वीरगाथा काल के कवि नहीं हैं-→नामदेव
- हिन्दी कविता को छंदों की परिधि से मुक्त कराने वाले थे-→सूर्यकांत त्रिपाठी 'निराला'
- 'पल्लव' के रचयिता हैं-→सुमित्रानंदन पंत
- 'चिंतामणि' के रचयिता हैं-→रामचन्द्र शुक्ल
- निम्नलिखित में से सबसे पहले अपनी आत्मकथा हिनी्ष में किसने लिखी? →राजेन्द्र प्रसाद
- आंचलिक रचनाएँ किससे संबधित होती हैं? →क्षेत्र विशेष से
- निर्गुण भक्ति काव्य का प्रमुख कवि है-→कबीरदास
- हिन्दी के सर्वप्रथम प्रकाशित पत्र का नाम क्या है? →उतण्ड मार्तण्ड
- छायावाद के प्रवर्तक का नाम है-→जयशंकर प्रसाद
- 'प्रगतिवाद उपयोगितावाद का दूसरा नाम है।' यह कथन किसका है? →नन्द दुलारे बाजपेयी
- पेवामचनदव के अधूरे उपन्यास का नाम क्या है? →मंगलसूत्र

- रामधारी सिंह 'दिनकर' को भारतीय ज्ञानपीठ पुरस्कार प्राप्त हुआ था-→'उर्वशी' पर
- 'सुहाग के नूपुर' के रचयिता हैं-→अमृतलाल नागर
- 'संस्कृति के चार अध्याय' किसकी रचना है? →रामधारी सिंह 'दिनकर'
- 'अशोक के फूल' (निबंध सग्रह) के रचनाकार हैं-→हज़ारी प्रसाद द्विवेदी
- 'झरना' (काव्य संग्रह) के रचयिता हैं-→जयशंकर प्रसाद
- 'दुरित, दुःख, दैन्य न थे जब ज्ञात, अपरिचित जरा-मरण-भ्रू पात।।' पंक्ति के रचनाकार हैं?→सुमित्रानंदन पंत
- 'निराला के राम तुलसीदास के राम से भिन्न और भवभूति के राम के निकट हैं।' यह कथन किस हिन्दी आलोचक का है? →डॉ. रामविलास शर्मा
- 'राम की शक्तिपूजा' में निराला की इन दो कविताओं का सारतत्त्व समाहित है?→जागो फिर एक बार और तुलसीदास
- 'भारत भारती' (काव्य) के रचनाकार हैं-→मैथिलीशरण गुप्त
- 'मनुष्य के आचरण के प्रवर्तक भाव या मनोविकार ही होते हैं, बुद्धि नहीं।' यह कथन है? →रामचन्द्र शुक्ल का
- 'रस मीमांसा' रस-सिद्धांत से सम्बन्धित पुस्तक है, इस पुस्तक के लेखक हैं? →आचार्य रामचन्द्र शुक्ल
- 'परहित सरिस धर्म नहि भाई, परपीड़ा सम नहिं अधमाई'। इस पंक्ति के रचयिता कौन हैं?→तुलसीदास
- 'साँच बराबर तप नहीं, झूठ बराबर पाप'। इस पंक्ति के रचयिता कौन हैं? →कबीर
- 'अष्टछाप' के सर्वश्रेष्ठ भक्त कवि कौन हैं? →सूरदास
- भूषण किस रस के कवि हैं? →वीर रस
- हिनीलस का आदि कवि किसे माना जाता है? →स्वयंभू
- उपन्यास और कहानी का मूल अन्तर है, उसका -→विषय निरूपण
- हिनीलस पत्रिका 'कादम्बिनी' के संपादक कौन हैं? →राजेन्द्र अवस्थी
- रामधारी सिंह 'दिनकर' किस रस के कवि माने जाते हैं? →वीर रस
- सूर्यकांत त्रिपाठी निराला को कैसा कवि माना जाता है? →क्रांतिकारी
- 'चारु' शब्द की शुद्ध भावात्मक संज्ञा है-→चारुता
- हिन्दी भाषा की बोलियों के आधार पर छती्कसगढ़ी बोली है-→पूर्वी हिन्दी
- 'घनिष्ठ' की शुद्ध उत्तरावस्था है-→घनिष्ठतर
- निम्नलिखित में कौन सा एक उपन्यास जैनेन्द्र द्वारा रचित है? →परख
- 'कामायनी' किस प्रकार का ग्रंथ है? →महाकाव्य
- 'गागर में सागर' भरने का कार्य किस कवि ने किया है? →बिहारीलाल

www.ingramcontent.com/pod-product-compliance
Ingram Content Group UK Ltd.
Pitfield, Milton Keynes, MK11 3LW, UK
UKHW061704190726
13853UKWH00008B/2390

9 789355 566881